JN218566

青弓社ライブラリー 97

ネット右翼とは何か

樋口直人／永吉希久子／松谷 満
倉橋耕平／ファビアン・シェーファー／山口智美

青弓社

ネット右翼とは何か　目次

第3章 ネット右翼の生活世界

終章 ネット右翼とフェミニズム 山口智美 164

装丁――Malpu Design［清水良洋］

まえがき

樋口直人

いつものように、パソコンを開いてネットにつなぐ。「Yahoo! ニュース」の韓国関連の記事が目に飛び込んでくる。ああ、またか。――記事そのものについてではない。それについてくるコメントのことだ。「成功は、自分のおかげ。失敗は、他人のせい。如何にも、朝鮮民族らしい思考」「相手は国と言う《（ママ）》より、異常なカルト集団だ」など。Yahoo! 側が露骨な差別表現を削除するようになったため、これでもかつてよりはかなりましになった。

ドイツに関する記事が出ても、「ほらね、どこかの国とは違うから」と、なぜか韓国が気になって仕方がない様子のコメントがついてくる。常時ネットを巡回しているとしか思えないくらい、ニュースが出た瞬間に書き込む異様な反射神経。特定の国や民族をおとしめるために、なぜここまで情熱を傾けるのか。この人たちは仕事もせず、鬱屈した感情の矛先を求めてさまよっている、そう考えなければネット上での反応を説明できない。だからこそ、図1にあるような「四六時中パソコンの前にはりつく風采が上がらない男性」像が、根強く流通してきたともいえる。

こうしたネット右翼像は――男性が多いことを除けば――近年の研究では否定されている。つま

麻生
NHK解体
ネットは真実
自民党支持者
・キモヲタ(対人恐怖症でネットの世界に逃げ込んでいる)
・ネトウヨ(とにかく頭にあるのは中国と韓国のこと)
・タカ派(少しでも価値観が違うと敵とみなし攻撃をする)
・高卒(教養が無く常に感情的、ムカツクからやっつけろ的発想)
・独身ニート(良い仕事に就くのを諦めており親に寄生している)
・無職(税金を払っていない為、税金の使いみちには無関心)
・女性恐怖症(過去の恨みを晴らす為、ネットで女性攻撃)
・情報弱者(情報源は2ch、さらに都合良い情報しか信じない)
・趣味(2ch、ニコニコ動画、匿名で暴れられるネット活動全般)
・性格(根暗、気弱、被害妄想、何事にも悲観的、偉そう、攻撃的)
・お風呂に入らないので臭い(息がウンコ)
※無断転載・掲載OK

図1　抱きがちなネット右翼の担い手のイメージ

り、ネット右翼だからといって「自宅警備」や「自室警備」をなりわいとしているわけではなさそうだが、それ以外にどのような特徴があるのか。こうした問いは、背景もキャリアも異なる研究者を結び付け、本書を形作っていく。

第1章「ネット右翼とは誰か――ネット右翼の規定要因」（永吉希久子）でみるように、ネット右翼に関する実証研究は地道になされてきたものの、全体の二%に満たない「希少種」ゆえに通常規模の社会調査では把捉が難しい。この状況に対して、三・一一後の社会運動に関して八万人規模の調査を実施した際、ネット右翼に関する項目を含めようと提案したのは永吉希久子である。松谷満、筆者を含めた共同研究による大規模調査は、ネットの向こうにある活動家《ネトウヨ》たちの姿を図らずも浮かび上がらせることになった。本書の最大のセールスポイントは、このデータを分析することで、決定版といってもいいネット右翼像を示すことにある。在日特権を許さない市民の会（在特会）の創設者たる桜井誠が二〇一六年都知事選挙に立候補した際、ＩＴ技術者から多く票を得たことなどは、大規模データならではの知見といえる（第2章「ネット右翼活動家の「リアル」な支持基盤——誰がなぜ桜井誠に投票したのか」〔松谷満〕）。

ドイツの日本研究者であるファビアン・シェーファーは、二〇一四年衆議院選挙を取り上げて、ネット右翼による「Twitter」投稿を分析した論文を二〇一七年に刊行した（加筆・修正して第5章「ネット右翼と政治——二〇一四年総選挙でのコンピューター仕掛けのプロパガンダ」として所収）。それによると、安倍晋三首相が選挙戦で表に出さないナショナリズムが、コンピューター仕掛けのアルゴリズムによって拡散していく。ネット右翼は安倍の隠れた応援団となっていて、bot といわれる自動投稿がネット右翼を実態以上に大きくみせる効果をもった。最新の技術が古いイデオロギーを広めるわけで、右派政治家は新たな援軍を得たことになる。

さらに二〇一八年二月には、倉橋耕平の著書である『歴史修正主義とサブカルチャー——90年代保守言説のメディア文化』（〔青弓社ライブラリー〕、青弓社）が刊行された。これは、歴史修正主義に対して新たな切り口からアプローチした好著で、ネット右翼の分析にも応用可能である。たとえば、ネット右翼が韓国を気にしてやまないのはなぜか。ネット右翼の主戦場は、既成メディアとその報道内容が体現する「反日」たたきであり、そのシンボルたる韓国を意識した書き込みは、何であれネット右翼的に正しい行為となる。

こうした知見を持ち寄ってみよう、ということで二〇一八年六月に東京で開催したシンポジウム「ネット右翼とは何か」が、本書のもとになっている。このときファビアンは来日できなかったが、ジェンダー・バッシング、歴史修正主義、排外主義、ネット右翼に詳しい山口智美がコメンテーターとして参加した（なお、山口の終章「ネット右翼とフェミニズム」は、当日のコメントとは異なり、オリジナルのテクストであることをお断りしておく）。インフォーマルで気軽な集まりとして開催したシンポジウムだが、当日は聴講者が多く来場して、会場に椅子を足して何とか入る盛況ぶりで、ネット右翼に対する関心の高さがうかがえた。

倉橋が第4章「ネット右翼と参加型文化――情報に対する態度とメディア・リテラシーの右旋回」で書くように、アメリカをはじめさまざまな国にネット右翼は存在するが、まだ研究としてみるべきものはほとんどない。ネット上での書き込みを追尾する、極右政党・団体によるインターネット上のつながりを分析する、といった水準にとどまっていて、生身のネット右翼の姿を捉え損なっている。本書では、ネット右翼の実態を多角的に解明し、手触り感があるネット右翼像を浮かび上がらせていて、世界的にも先端的な知見を集めている。では、知ったうえで何ができるのか――こうした問いに導かれて手に取ってもらえる読者を、この小さな本では想定している。本書が明確な答えにたどりついたわけではないが、読まれた方が何らかのヒントを得ていただけるならば、これにまさる喜びはない。

二〇一九年三月　　著者を代表して

第1章　ネット右翼とは誰か——ネット右翼の規定要因

永吉希久子

はじめに

ネット右翼になりやすいのはどのような人か。この問いに答えるのはそれほど容易ではない。そのためには、「ネット右翼」を定義し、そこに該当する人とそうでない人を分けたうえで、両者の属性や意識を比較する必要がある。

ネット右翼をその行動——インターネットでの右派的・排外的書き込みや情報の拡散——によって定義づけるとすれば、彼らを特定するための最も適切な手段は、インターネット上の書き込みから判断することだろう。この方法を用いた例として、「Twitter」上のネットワーク構造やツイート内容を分析した研究が挙げられる。例えば、政治に関心があるアカウントを対象に分析した研究では、一〇%程度のアカウントが右派的コミュニティを形成していて、そのコミュニティ内部では排外的な言説が広がっていることが示されている。[1] ただし、このように書き込みをもとにネット右翼を特定してその特徴を調べる手法には、いくつかの問題がある。第一に、一人が複数のアカウントをもっていたり、bot（機械による自動発言システム）による書き込みがおこなわれている可能性があるため、アカウント数をそのままネット右翼の人数と見なすことができない。実際、コリアン（在日コリアンや韓国人）に言及するツイート[2]や、二〇一四年の衆議院選挙時におこなわれた選挙関連のツイート（本書第5章「ネット右翼と政治――二〇一四年総選挙でのコンピューター仕掛けのプロパガンダ」〔ファビアン・シェーファー／ステファン・エヴァート／フィリップ・ハインリッヒ〕）では、こうした傾向が確認できる。第二に、たとえbotなどを除外し、ネット右翼といえる個人を特定できたとしても、性別や年齢など、その人がどのような人なのかを示す情報を得るのは困難である。本書第3章「ネット右翼の生活世界」の樋口直人の試みは、この点を乗り越えようとするものだといえるだろう。

そこで第二の手段として、「ネット右翼かどうか」を判別するための質問を含む社会調査をおこない、ネット右翼を特定する方法がとられる。性別や年齢、職業、収入、さまざまな社会意識についても尋ねれば、ネット右翼とそうでない人がどのように異なっているのかを調べることができる。この方法でおこなわれた代表的な研究として、辻大介による一連の研究がある。[3] 辻は調査会社の登録モニターを対象に、①中国と韓国への排外的態度、②保守的・愛国的政治志向の強さ、③政治や社会問題に関するネット上での意見発信・議論への参加経験を調べ、これら三つの条件によってネット右翼を定義した。その結果、「ネット右翼」の割合は二〇〇七年には一・三％、一四年には一・八％とわかった。インターネット調査の登録モニターはインターネットの利用頻度が一般の人々よりも高い傾向にあることをふまえ、辻はインターネット利用者全体で考えればネット右翼の割合は一％に満たないと推計している。

ただし、社会調査で明らかになるのは、対象者が何らかの政治的意見を発信しているかどうかであり、それが保守的政治志向や排外主義を反映した内容か否かはわからない。このため、社会調査とツイート分析とで、それぞれから割り出されたネット右翼がどの程度重なるのかについては議論の余地があるだろう。しかし、「ネット右翼になりやすいのは誰か」という問いに答えるには、社会調査による方法が適しているといえるだろう。

辻の研究はネット右翼の背景に迫ろうとする点で画期的なものだが、サンプルサイズが小さいため、ネット右翼に含まれる人は五十人を下回り、その特徴を示すうえで十分とはいえない。そこで、本章ではネット右翼の特徴を捉えるために十分な人数の対象者を含むウェブ調査のデータを分析し、ネット右翼になりやすいのは誰か、という問いに答える。

さらに、ネット右翼よりも保守志向の弱い層を「オンライン排外主義者」と名づけ、その特徴も分析する。辻の定義にもみられるように、保守志向はネット右翼の条件の一つと考えられるが、その一方で、近年では歴史的保守主義と切り離されたネット右翼の存在も指摘されている(4)。本書ではこのような層を「オンライン排外主義者」としてネット右翼と分けて考える。両者に同質性はあるのか、あるいはそれぞれ異なる特徴をもつのかについては、これまでの研究では示されていない。そこで、本章では両者の共通点と差異を探る。

分析には二〇一七年十二月に実施された「市民の政治参加に関する世論調査」のデータを用いる。[5]この調査の対象者は、調査会社の登録モニターのうち、二十歳から七十九歳で東京都市圏に居住する男女である。サンプルは、東京都市圏の年齢・性別に基づく人口分布を反映するように割り付けている。サンプルサイズは七万七千八十四人である。調査会社のウェブ調査モニターを対象にするため、高学歴層、インターネット使用頻度が高い層に対象者が偏っている点は注意が必要だろう。[6]しかし、通常どおりの無作為抽出をおこなった場合、もともと人数の少ないネット右翼が出現する確率はきわめて低いと予想できる。また、ネット右翼はインターネット使用頻度の高い層により多く現れると予測できることから、ウェブ調査モニターを対象に調査をすることには意義がある。

本章の構成は以下のようである。第1節「ネット右翼とオンライン排外主義者は異なるのか」では、ネット右翼とオンライン排外主義をこの調査上でどう定義するのかを示したうえで、両者の違いを政治的志向性の観点から示す。第2節「どのような人がネット右翼になりやすいのか」では、ネット右翼やオンライン排外主義者になりやすくなる要因について、社会的属性、社会経済的地位、社会的孤立、政治的・社会的態度、メディア利用に着目して分析する。第3節「どの要因の効果が強いのか」では、これらの要因のなかでどの要因が重要なのかを分析する。そのうえで、これらの結果をもとに「ネット右翼とは誰か」について考察する。

1　ネット右翼とオンライン排外主義者は異なるのか

ネット右翼・オンライン排外主義者をどう定義するのか

ネット右翼の定義は、「ネット右翼とは誰か」という問いの根幹に関わる。本章では、辻の定義に従って、①中国・韓国への否定的態度、②保守的政治志向、③政治・社会問題に関するネット上での意見発信や議論、という三つの条件をすべて満たす場合にネット右翼と見なす。一方、①中国・韓国への否定的態度と③政治・社会問題に関するネット上での意見発信や議論という二つの条件を満たすが、②の保守的政治志向がみられない場合には、オンライン排外主義者と定義する。

両者の定義を詳しくみていこう。ある人がネット右翼やオンライン排外主義者の条件を満たすかどうかは、次の手順で判断した。まず、中国・韓国への否定的態度の有無は、中国と韓国への好感度をもとに判断した。中国・韓国への好感度は、「もっとも嫌い」を〇《ゼロ》、「もっとも好き」を十とする十一段階で尋ねている。どちらの国に対しても「もっとも嫌い」を意味する〇を選んでいる場合に、中国・韓国への否定的態度が「ある」と判断した。これに該当するのは対象者の二一・五％である。

次に、保守的政治志向の有無を、「靖国公式参拝」と「憲法九条の改正」に対する賛否と、「国旗・国歌を教育の場で教えるのは、当然である」と「子どもたちにもっと愛国心や国民の責務について教えるよう、戦後教育を見直すべき」への同意の程度を用いて測定した[7]。前者二項目に対しては「賛成」「やや賛成」「どちらともいえない」「やや反対」「反対」「わからない」の六つの選択肢から、後者二項目については、「そう思う」「ややそう思う」「どちらともいえない」「あまりそう思わない」「そう思わない」の五つの選択肢から、それぞれ回答を選んでもらっている。これら四項目すべてに対して、「賛成・やや賛成」または「そう思う・ややそう思う」と回答している場合、保守的政治志向「あり」とする。これに該当するのは一一・八%だった。

最後に、政治・社会問題に関するネット上での意見発信や議論については、「あなたは、過去一年間に政治や社会の問題について、インターネットやSNSで次のようなことをしたことがありますか」という問いのなかの項目として、「ツイッターなどのソーシャル・メディアで、自分の意見や考えを書き込んだ」「ツイッターなどのソーシャル・メディアで、自分の考えと合う意見を拡散した」「インターネット上のニュース記事や動画サイトに自分の意見や考えをコメントとして書き込んだ」「インターネットやSNSで友人や知人に自分の意見を伝えたり、議論したりした」の四つを示し、それぞれ「よくした」「したことがある」「したことはない」の三つから頻度を選んでもらうことで測定した。このうち一つでも「よくした」または「したことがある」と回答した場合に、インターネット上での政治的意見発信「あり」とした。該当するのは二〇・二%である。

これら三つの変数を使って、中国・韓国への否定的態度が「あり」、保守的政治志向が「あり」、政治・社会問題に関するネット上での意見発信が「ある」人を、ネット右翼と定義する（図1）。その結果、ネット右翼の割合は一・五%であり、辻による前述の調査の値と同程度である。さらに、中国・韓国への否定的態度が「あり」、政治・社会問題に関するネット上での意見発信が「ある」が、保守的政治志向が「ない」オンライン排外主義者の割合は三・〇%だった(8)。

　オンライン排外主義者とネット右翼の違いは、前者が保守的な政治志向を必ずしももたない点にある。保守的政治志向が「ある」とは、先に挙げた四つの項目すべてに一定程度賛成の場合だった。

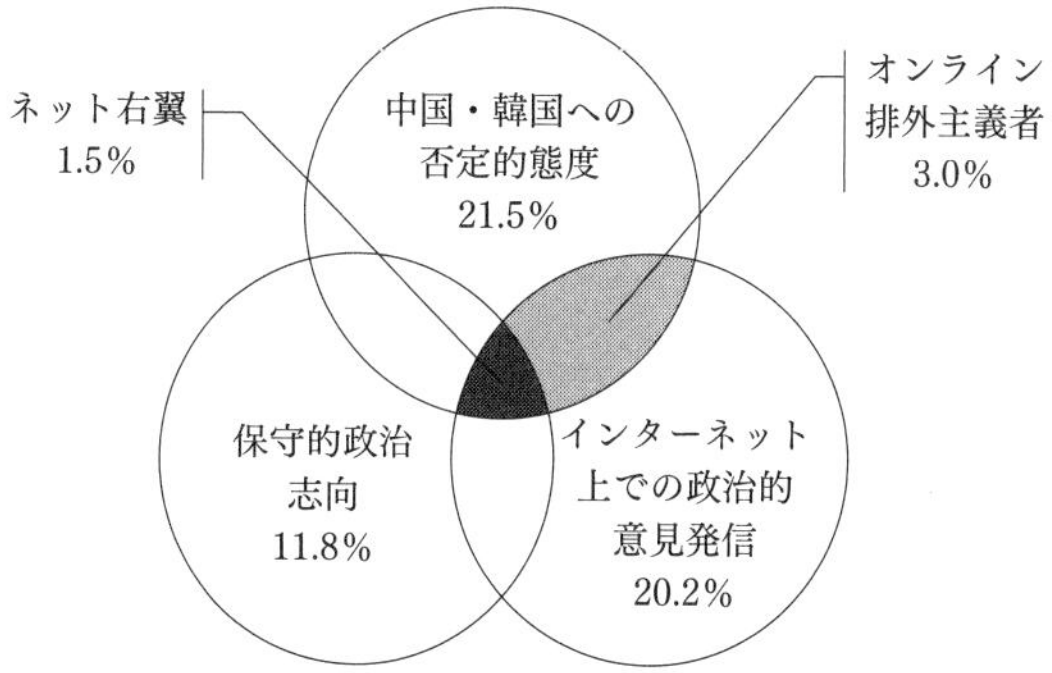

図1　ネット右翼とオンライン排外主義者の定義

つまり、そのうちのどれか一つでも反対または中間的態度（「わからない」を含む）を選んでいる場合、保守的政治志向は「ない」こととして分類される。したがって、オンライン排外主義者でも、項目によっては保守的な傾向を示すものもある。実際、オンライン排外主義者のうち、靖国神社公式参拝には三九・〇%、憲法改正には二九・二%、国旗・国歌教育には五一・七%、愛国心教育には三五・八%が賛成している（「賛成・やや賛成」または「そう思う・ややそう思う」を選択した場合を賛成と見なした）。このうち靖国神社の公式参拝については、ネット右翼でもオンライン排外主義者でもない人（以下、非ネット排外層と呼ぶ）よりも賛成の割合が高い(9)。韓国・中国との政治的関係に関わるイシューについては、オンライン排外主義者は非ネット排外層よりも保守的傾向を示している。

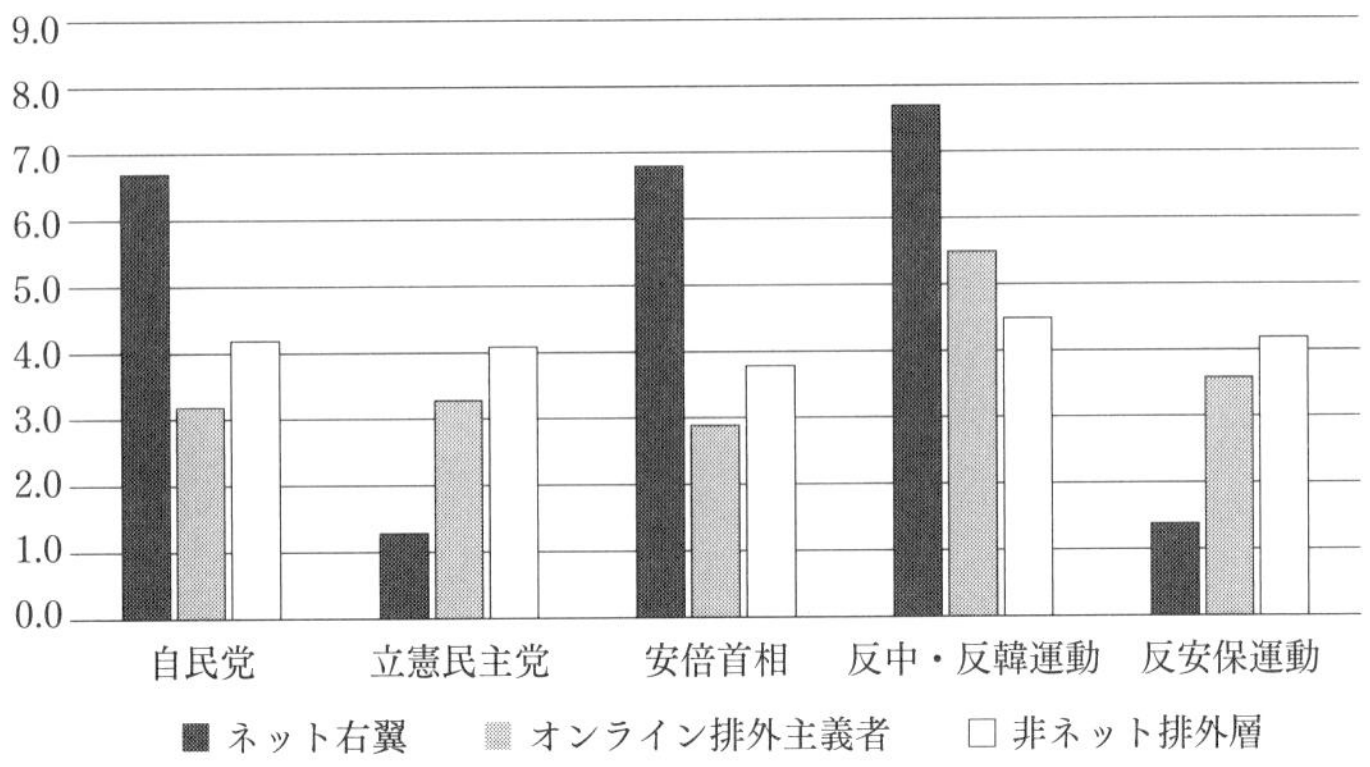

図2　ネット右翼・オンライン排外主義者・非ネット排外層の政党・政治家・運動好感度

ネット右翼とオンライン排外主義者の政治的志向性

　ネット右翼とオンライン排外主義者の違いを確認するために、自民党、立憲民主党、安倍晋三首相、反中国・反韓国を主張する運動、反安保運動それぞれへの好感度の平均値を比較した（図2）。これらの政党・政治家・運動への好感度は、中国・韓国への態度と同様に、〇から十までの十一段階で尋ねていて、値が大きいほど好感度が高いことを意味する。図2をみると、自民党や安倍首相への好感度がネット右翼では高いのに対し、オンライン排外主義者では非ネット排外層よりも低い。また、オンライン排外主義者は、反中国・反韓国を主張する運動への好感度がネット右翼についで高い一方で、反安保運動や立憲民主党など「左派」とされる政党への好感度が非ネット排外層と比べて著しく低いわけではない。

　次に、ネット右翼とオンライン排外主義者が自分自身を保守―リベラルのどこに位置づけているのかを調

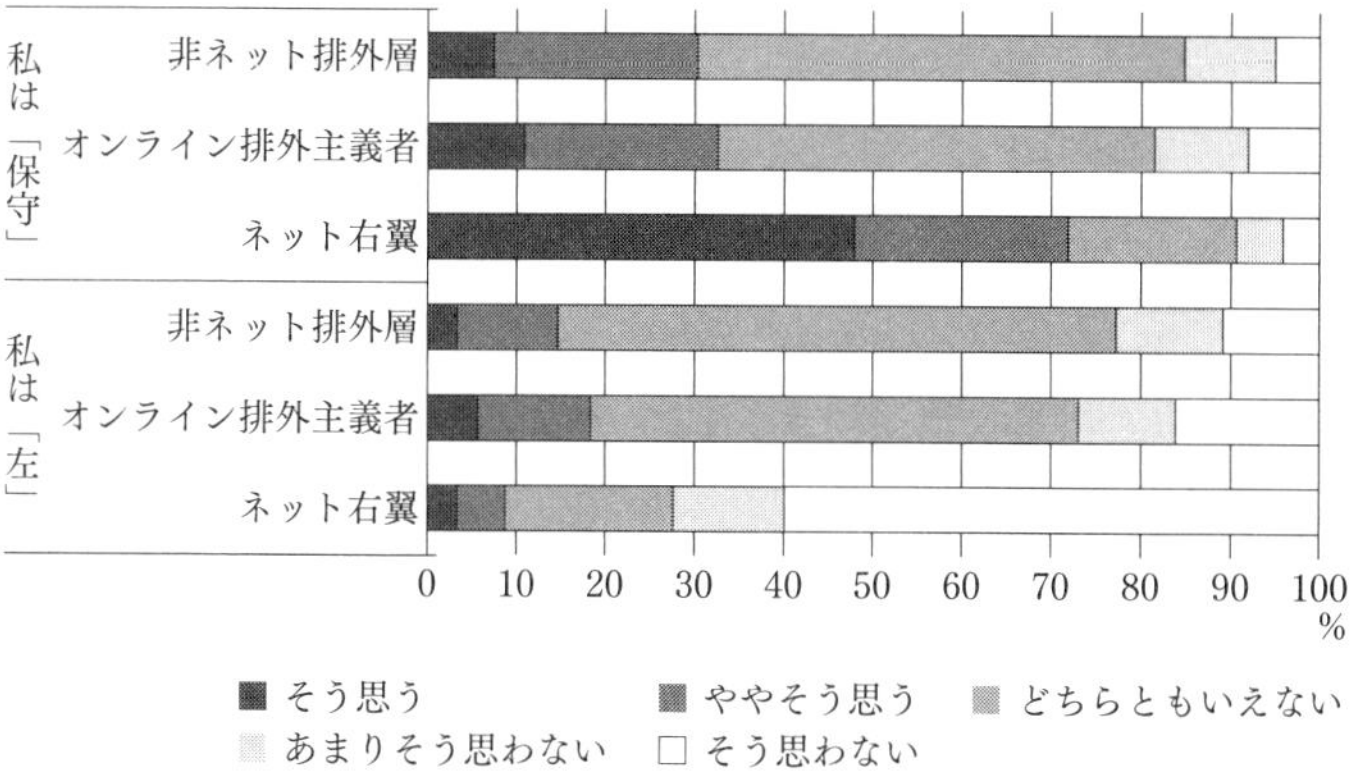

図3　ネット右翼・オンライン排外主義者・非ネット排外層の政治的立場についての自己意識

べるため、「保守かリベラルかと聞かれれば、私の立場は保守だ」と「政治的に「右」か「左」かと聞かれれば、私の立場は「左」だ」への回答の分布を図3で示した。これをみると、ネット右翼の六〇％以上が自分をどちらかといえば「保守」であり、「左」ではないと見なしている。これに対し、オンライン排外主義は「保守」については四九・〇％が、「左」については五四・八％が、「どちらともいえない」を選んでいて、必ずしも「保守」や「右」を自任しない傾向にある。

以上の結果からみると、ネット右翼とオンライン排外主義者は反韓・反中の態度を共有するものの、現政権や政治との距離感が異なっている。ネット右翼は政府を支持し、保守を自任する傾向にある。一方、オンライン排外主義者は現在の政府と距離をとり、政治的立ち位置も明確ではない。

2　どのような人がネット右翼になりやすいのか

では、どのような人がネット右翼やオンライン排外主義者になりやすいのだろうか。ここでは、ネット右翼の特徴として挙げられることが多い要素として、社会的属性、社会経済的地位、社会的孤立、政治的・社会的態度、メディア利用に着目して、その特徴をみていこう。

社会的属性と社会経済的地位

ネット右翼のイメージとして、若年男性、特に社会経済的に弱い立場の若者というものがある。古谷経衡はネット右翼のステレオタイプとして、「学歴における低学歴」「年収における低所得」「社会的地位・立場における底辺」[10]を挙げる。また、排外主義運動への参加者にインタビューしたジャーナリストの安田浩一も、彼らのなかには不安定雇用が多いと述べている。[11]排外主義運動参加者とネット右翼がどのくらい重なるかは明確ではないが、安田の指摘は排外主義と不安定雇用に関連があることを印象づける。

若年層の雇用の不安定化を、ネット右翼の広がりの原因として指摘する研究もある。例えば高原基彰は、若年不安定雇用層の将来不安を、二〇〇〇年代以降のインターネット上にみられる「嫌韓・嫌中」を伴うナショナリズムの源泉だとする。[12]高原の説は以下のようなものだ。一九九〇年代半ば以降、若年層を中心に増大した不安定雇用層は、将来への不安の本来の原因である雇用や社会保障の問題を問うのではなく、外部に疑似的な敵を探す。このとき、保守系雑誌メディアの言説を参照することで、近隣諸国を疑似的な敵と見なすナショナリズムが生じた。

このロジックは、極右政党支持のメカニズムとして指摘されてきた近代化の敗者理論と似ている。この理論によれば、近代化が進展し、大量生産から多品種少量生産への移行や、高度な技能を要する生産様式への移行が生じるなかで、非熟練労働者は職を失い、周辺化されていく(13)。また、近代化が進むとライフスタイルは多様化し個人化していく。このような変化への反発として、「近代化の敗者」たちは、かつての民族的・文化的に同質だった過去への回帰を求め、文化的保守主義を掲げる極右政党に投票する。

しかし既存の研究をみると、確かにネット右翼に男性が多いことは確認できるものの、社会経済的な弱者が多いという説は支持されていない(14)。また、樋口直人は排外主義運動参加者に対するインタビュー調査によって低学歴層や低収入層が多いという見方を否定している(15)。

本章で分析に用いるデータでも、男性のほうが女性よりもネット右翼の割合が高いことは確認できるが、年齢との関連は強くない（表1）。また、ネット右翼やオンライン排外主義者になりやすいかどうかに学歴による違いはみられない。雇用形態や所得との関連は統計的に有意だったが、ごく弱いものだった。さらに、雇用形態との関連はネット右翼＝社会経済的地位の低い人という見方とは一致せず、ネット右翼やオンライン排外主義者の割合は非正規雇用層では低く、経営者・自営業者や正規雇用で高い傾向にあった。

表1　社会的属性・社会経済的地位によるネット右翼・オンライン排外主義者の分布

（単位：%）

	ネット右翼	オンライン排外主義者	n
20代	1.2	3.4	6,205
30代	1.5	3.3	16,451
40代	1.8	3.2	23,068
50代	1.5	2.9	16,405
60代	1.3	2.3	12,520
70代	1.5	1.4	2,435
男性	2.1	3.4	40,887
女性	0.8	2.5	36,197
中学・高校卒	1.4	3.0	21,578
短大・高専・大学卒	1.5	3.0	55,506
正規	1.7	3.3	34,076
非正規	1.1	2.6	15,146
経営者・自営業	2.8	4.2	7,390
学生	1.0	3.3	904
無職	1.1	2.3	19,568
100万円未満	1.5	3.5	1,652
300万円未満	1.6	3.3	8,079
600万円未満	1.6	3.0	22,532
900万円未満	1.5	2.9	17,283
900万円以上	1.8	3.0	17,197
わからない	0.9	2.6	10,341
下の下	2.3	5.6	5,264
下の上	1.7	3.8	14,743
中の下	1.3	2.6	30,954
中の上	1.5	2.4	24,639
上	2.8	3.2	1,484

注）n は非ネット排外層も含めた度数を示す

一方、主観的地位を示す階層帰属意識[16]との関連をみると、階層帰属意識が「下の下」「下の上」の層でオンライン排外主義者の割合が比較的高い。ネット右翼については「下の下」の層で割合が高いのに加えて「上」の層でも高いため、主観的階層が低いほうがネット右翼になりやすいとはいえず、関連はより複雑であることがうかがえる。

社会的孤立

ネット右翼のイメージには、社会的に孤立しているというものもある。これは、独身であることや、友人や地域とのつながりをもたないことを指す。独身者イメージは、古谷の言葉を借りれば「外見上〈異性経験〉の底辺」という負のイメージを含意している[17]。また、前述の安田は、排外主義運動参加者の特徴の一つとして、「仲間」や「逃げ場所」「帰る場所」を求めていることを挙げ、帰属する場をもたない人にとって、排外主義運動が与えてくれる承認が重要な意義をもつのではないかと論じる[18]。これに対し、樋口は参加のコストという視点から社会的孤立の影響を説明する[19]。排外主義運動は今日の日本で社会的に受け入れられているとはいいがたい。そのため、家族がいたり友人が多い場合には周囲から運動への参加を止められる可能性が高まる。また、運動への参加には時間的な余裕が必要だが、家族がいると活動の時間に制約が生じる。言い換えれば、社会的に孤立した人は、身近に参加を抑止・制限する存在がいないことによって運動に参加しやすくなるとみることができる。

極右政党への支持に関する研究でも、社会的孤立は支持に向かう要因の一つと考えられてきた[20]。人々を結び付けていた中間的な組織——地域社会や職業団体など——の力が近代化の進展の過程で弱まると、これまではそうした身近な所属集団に向けられていた忠誠心は、遠くの一つの対象——

表2　社会的孤立によるネット右翼・オンライン排外主義者の分布

（単位：%）

	ネット右翼	オンライン排外主義者	n
既婚	1.38	2.75	51,184
離死別	1.72	3.39	6,218
未婚	1.79	3.43	19,682
相談相手あり	1.43	3.08	45,655
相談相手なし	1.64	2.83	31,429

注）n は非ネット排外層も含めた度数を示す

例えば国家――に向かいやすくなる。また、疑似的な共同体を提供してくれる全体主義的社会運動への参加や抽象的な国家へとアイデンティティを帰属することは、孤立からくる不安の解消にもつながる。

しかし、社会的孤立の効果は実証的な研究では必ずしも確認されていない。ヨーロッパのデータの分析からは、社会的孤立が必ずしも極右政党への支持を促しておらず、効果がある場合でもその影響力は小さいことが確認されている。[21] また、辻の調査では、ネット右翼層に独身者が多いという傾向は確認できなかった。[22]

今回用いる調査データの分析では、配偶者や相談相手の有無とネット右翼やオンライン排外主義者へのなりやすさの間には統計的に有意な関連がみられた。しかし、関連は弱く、配偶者や相談者がいるグループとの明確な割合の差はみられない（表2）。

政治的・社会的態度

ネット右翼は政治的・社会的態度からも特徴づけられてきた。その一つが政治との関わりへの積極性である。政治不信を極右政党への支持の一つの要因と捉える欧州の知見と異なり、[23] 日本の排外主義運動参加者は、もともと積極的に選挙に参加する傾向もあり、政治から疎外されているとはいえないことが指摘されている。[24] 辻の調査でも、ネット右翼層はインターネットでの書き込みだけでなく現実の政治活動に積極的に参加しているという結果が出ている[25]。そうであるならば、ネット右翼を政治的に疎外された人々とみるのは適切ではないだろう。

これ以外のネット右翼を特徴づけうる重要な要素として、権威主義的態度が挙げられる。権威主義的態度とは、権威に従属し、伝統を重んじる一方、社会の主流となる諸価値から外れているようにみえる人々を攻撃しようとする傾向である。権威主義的態度は、第二次世界大戦に向かう時代にファシズムの温床となったとみられていて、差別意識とも深く関わっていることが繰り返し確認されている[26]。伝統を重んじる保守志向と排外主義志向をあわせもつというネット右翼の特徴は、権威主義的態度を基礎とする可能性がある。

では、政治不信や権威主義的態度の度合いが高いほど、ネット右翼やオンライン排外主義者になりやすいのだろうか。政治的有効性感覚、権威主義的態度、伝統的家族観の三つについて関連を調べた。政治的有効性感覚とは、「自分を含め、有権者ひとりひとりが政治を変えることができる[27]」という意識を指す。有効性感覚が高いということは、自分が政治に影響力をもちうるという意識と、政府や政治が民意に応えて変わりうるという意識の両面をもっていることを含む。したがって、政治への不信感が強ければ、有効性感覚は低くなる。伝統的家族観[28]は、同性愛や夫婦別姓、子どもをもたない夫婦など、多様な家族のあり方に対して否定的な態度を示すことを意味する。

ネット右翼・オンライン排外主義者・非ネット排外層のそれぞれの政治的有効性感覚、権威主義的態度、伝統的家族観の平均値（図４）をみると、ネット右翼がこれら三つの意識すべてで高い値を示しているのに対し、オンライン排外主義者はすべてが低い。特に政治的有効性感覚については、

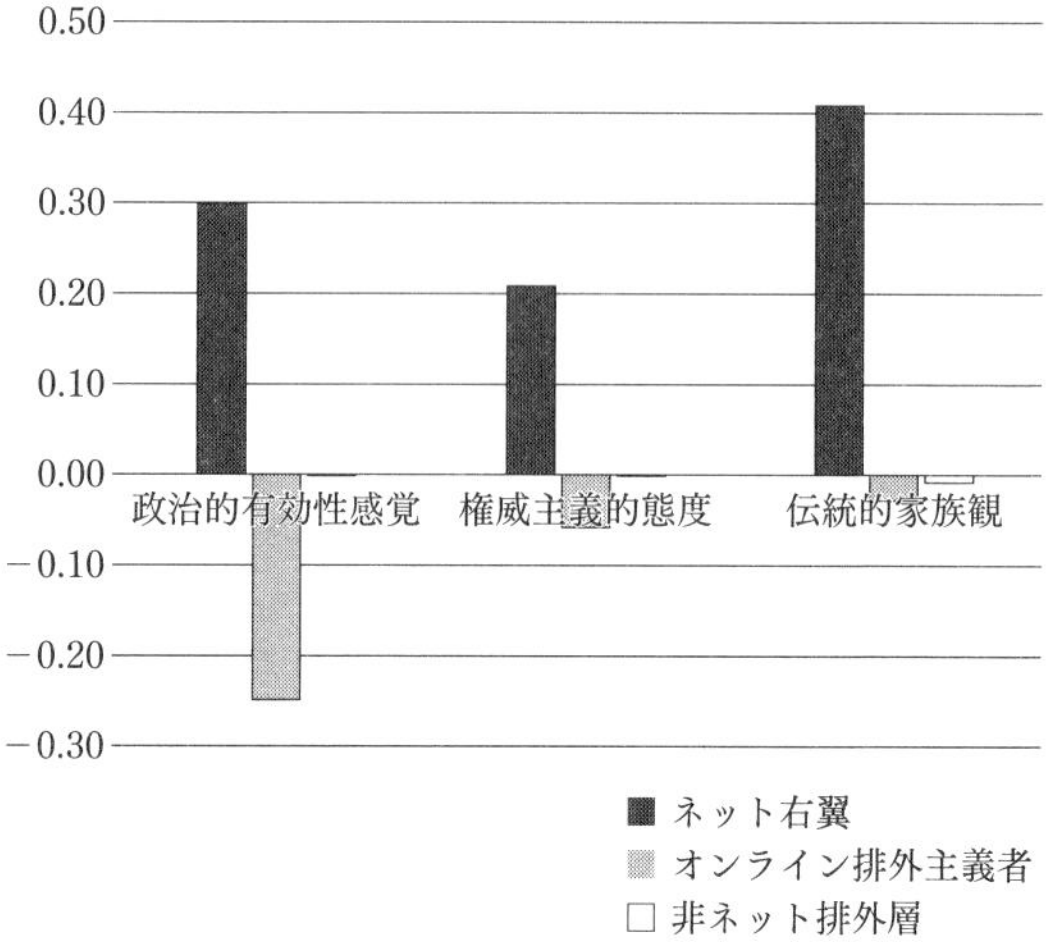

図4　ネット右翼・オンライン排外主義者と政治・社会的態度の関連

非ネット排外層と比較しても低い値をとっている。つまり、政治的・社会的態度の面では、ネット右翼とオンライン排外主義者は大きく異なっている。

メディア利用

ネット右翼はマスメディアに不信感をもつ一方、インターネットをよく利用するというイメージがある。アダム・クレインによれば、以下の理由からインターネットは人種主義的運動にとって支持を拡大するうえで重要な場になっている。インターネットを使えば、大きな経済的資源がなくとも情報の拡散が可能である。また、ゲートキーパーがほとんど存在しないため、排外主義的運動にとっては自分たちの意見を主張しやすい。さらに、ニュースやブログ、SNSの間で相互にリンクを張り巡らすことで、自分の意見をほかの情報で補強できるため、「真実」として正当化しやすい。インターネットは自分の考えと合う意見とつながりやすいことも、類似の情報に触れる機会を増やし、それを「真実」として正当化する傾向に拍車をかける[29]。

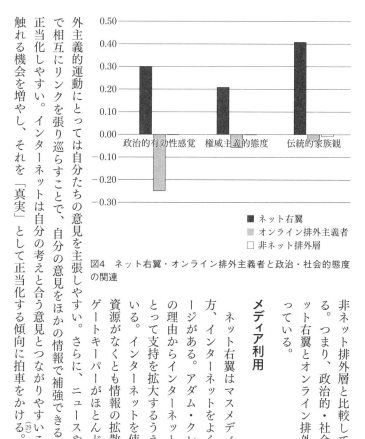

また、日本の排外主義運動に関する研究は、運動で用いられる言説が保守系活字メディアの影響を受けていることを指摘している。樋口はこれを「言説の機会構造」という概念を使って説明する。言説の機会構造は、ある時代のある国で、どのような考えが「道理にかない」、どのような現実の構築が「現実的」なもので、どのような主張が「正当」なものと見なされるかを規定する。[30]したがって言説の機会構造に合致した社会運動は、正当な主張をしていると見なされ、支持を集めることができる。逆に言えば、現代の日本で排外主義運動が一定の支持を集めたのは、その主張を許すような言説の機会構造ができていたからだ。樋口によれば、このような機会構造の形成には、二〇〇〇年代以降の右派論壇で、歴史問題をめぐり近隣諸国を敵と見なすような言説が広がったことが影響している。つまり、排外主義運動は右派論壇の言説を流用することによって一定の正当性を得て、支持を拡大したと考えられる。ネット右翼と保守系活字メディアの親和性については、ネット右翼を歴史修正主義的なサブカルチャーの「シリアスなファン」と見なす倉橋耕平の議論にもみられる。[31]

ネット右翼のインターネット利用の高さは実証研究でも指摘している。辻の調査によれば、ネット右翼層はそれ以外の人と比べプライベートでのインターネット利用時間が長く、「Twitter」、インターネット掲示板、動画サイトの利用が活発である。[32]また、高史明は大学生や調査会社の登録モニターを対象にした調査から、「2ちゃんねるまとめブログ」や新聞社・テレビ局以外が運営するニュースサイトの利用時間が長い人ほどマスメディアに対する猜疑心が強く、結果として在日コリアンに対するレイシズムも強まることを示している。[33]一方、ネット右翼が活字メディアを利用する傾向にあるのかについては実証できていない。

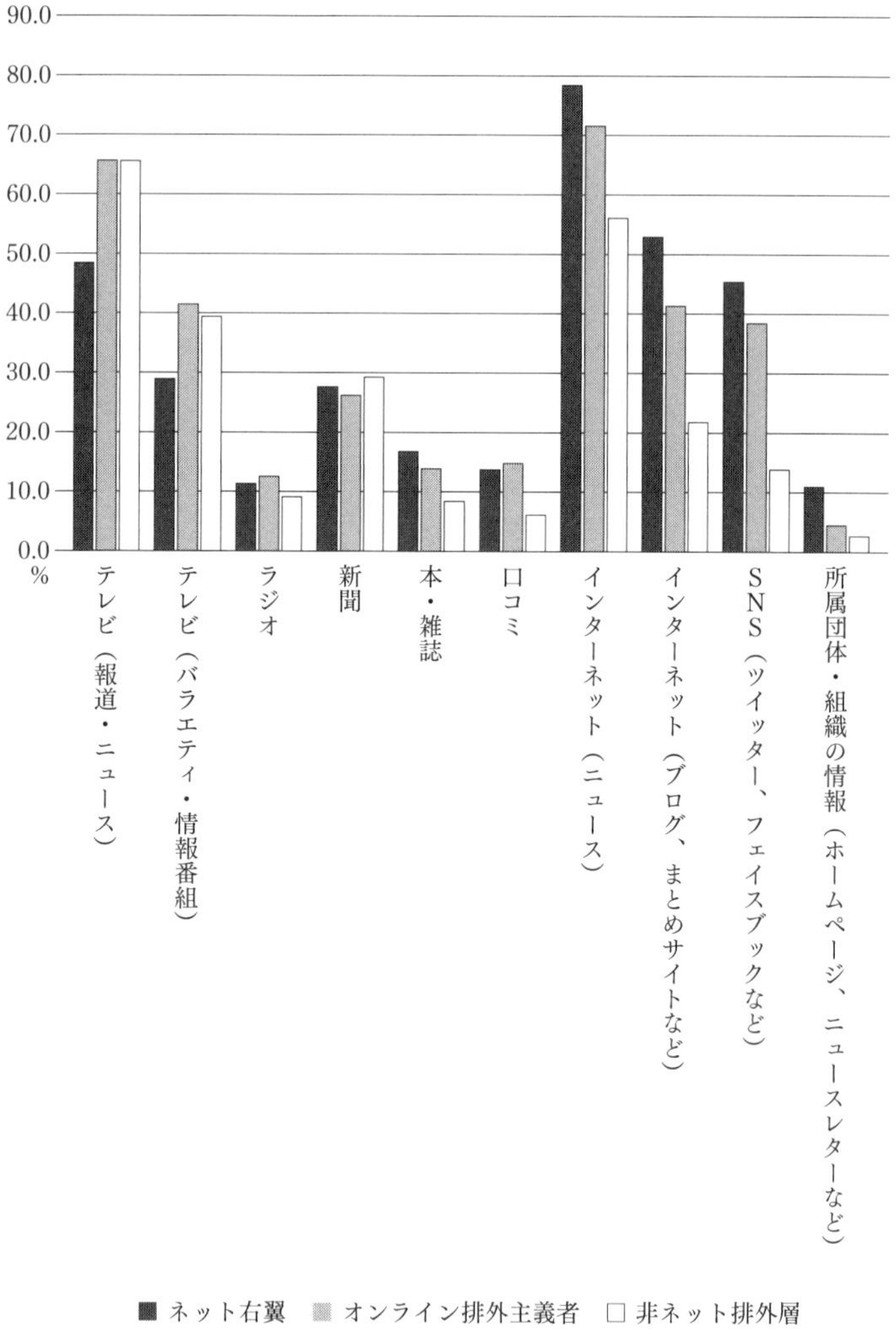

図5　ネット右翼・オンライン排外主義者・非ネット排外層の各メディアを「よく使う」割合

今回用いる調査では、「政治や社会の問題に関する情報の入手先」として、「テレビ（報道・ニュース番組）」「テレビ（バラエティ・情報番組）」「ラジオ」「新聞」「本・雑誌」「口コミ」「インターネット（ニュース）」「インターネット（ブログ、まとめサイトなど）」「SNS（ツイッター、フェイスブックなど）」「所属団体・組織の情報（ホームページ、ニュースレターなど）」をそれぞれどの程度利用するかを尋ねている。

図5は、各メディアを「よく使う」割合を、[34] ネット右翼・オンライン排外主義者・非ネット排外層で比較したものである。これをみると、ネット右翼はほかの二タイプに比べ、政治や社会問題についての情報の入手先としてあまりテレビを使わず、インターネットを利用する傾向にある。また、割合としては低いものの、本・雑誌や口コミについても、非ネット排外層と比べて利用率が高い傾向がみられた。一方、オンライン排外主義者のテレビ利用率は非ネット排外層と同程度であり、ネット右翼とは異なる傾向がみられる。ブログ・まとめサイトやSNS、口コミについては非ネット排外層よりも高い利用率を示している。

3　どの要因の効果が強いのか

以上の分析からは、性別や政治的・社会的態度、メディア利用で、ネット右翼・オンライン排外主義者と非ネット排外層の間に差があることがわかった。しかし、これらの要因は相互に関連して

口コミ	-0.002	0.056	0.185**	0.039
インターネット（ニュース）	0.451**	0.073	0.081	0.047
インターネット（ブログ、まとめサイトなど）	0.408**	0.058	0.076	0.040
SNS（ツイッター、フェイスブックなど）	0.785**	0.050	0.831**	0.037
所属団体・組織の情報（ホームページ、ニュースレターなど）	0.242**	0.052	0.158**	0.040
切片	-6.625**	0.339	-4.973**	0.233
McFadden R2	0.118			
n	77084			

** p < 0.01, * p < 0.05

注）ref. は基準カテゴリを、B は偏回帰係数を、Robust S.E. は頑健標準誤差を意味する

いるため、どれが決定的要因としてはたらいているのかがわからない。例えばメディアの利用に男女で差があれば、利用しているメディアがネット右翼になりやすいことに関連しているのか、それとも実際はジェンダーが決定要因なのかは判断しづらい。そこで相互の関連を統制したうえで、個々の要因の直接の効果を検証するため、多項ロジスティック回帰分析をおこなった。表3はその結果を示したものである。表に示した係数は、「非ネット排外層」と比べた場合の「ネット右翼」や「オンライン排外主義者」になりやすい度合いを示すものである。

この分析結果をみると、二十代に比べると四十代以上のほうがネット右翼に、四十代・五十代のほうがオンライン排外主義者になりやすい。つまり、ほかの要素――社会経済的地位や政治的・社会的態度、各メディアの利用の程度など――が同じなら、若年層よりも中高年層がネット右翼やオンライン排外主義者になる可能性が高い。また、女性は男性に比べ、ネット右翼にもオンライン排外主義者にもなりにくい傾向が確認できた。

表3　ネット右翼・オンライン排外主義者の規定要因

	ネット右翼		オンライン排外主義者	
	B	Robust S.E.	B	Robust S.E.
20代（ref.）				
30代	0.172	0.146	0.120	0.092
40代	0.445**	0.145	0.202*	0.092
50代	0.439**	0.156	0.263**	0.101
60代	0.381*	0.174	0.212	0.117
70代	0.526*	0.246	-0.244	0.206
男性（ref.）				
女性	-0.592**	0.083	-0.393**	0.055
中学・高校卒（ref.）				
短大・高専・大学卒	-0.031	0.074	0.012	0.051
正規雇用（ref.）				
非正規雇用	-0.064	0.103	-0.161*	0.068
経営者・自営業	0.415**	0.091	0.177*	0.070
学生	-0.435	0.374	-0.158	0.208
無職	0.159	0.102	-0.058	0.069
100万円未満（ref.）				
300万円未満	0.247	0.230	-0.023	0.155
600万円未満	0.278	0.223	-0.021	0.150
900万円未満	0.231	0.232	-0.015	0.156
900万円以上	0.426	0.236	0.122	0.160
わからない	-0.172	0.240	-0.024	0.156
階層帰属意識	-0.126**	0.038	-0.215**	0.028
既婚（ref.）				
離死別	0.132	0.114	0.076	0.080
未婚	0.122	0.079	0.020	0.057
相談相手なし	0.010	0.067	-0.051	0.049
政治的有効性感覚	0.171**	0.039	-0.390**	0.031
権威主義的態度	0.320**	0.048	-0.132**	0.029
伝統的家族観	0.473**	0.042	0.135**	0.028
テレビ（報道・ニュース）	-0.366**	0.054	0.051	0.043
テレビ（バラエティ・情報番組）	-0.361**	0.052	-0.163**	0.036
ラジオ	-0.074	0.047	0.056	0.033
新聞	-0.021	0.047	-0.077*	0.031
本・雑誌	0.136*	0.056	0.025	0.039

社会経済的地位についてみると、学歴と世帯収入には関連性がみられないのに対し、雇用形態と階層帰属意識には関連がみられた。ただし、雇用形態との関連は、第2節でみたのと同様に経営者や自営業である場合に正規雇用者よりもネット右翼やオンライン排外主義者になりやすく、非正規雇用の場合はオンライン排外主義者になりにくいというものである。つまり、不安定雇用層がネット右翼やオンライン排外主義者になりやすいとはいえない。一方、階層帰属意識が高いほど、ネット右翼やオンライン排外主義者になりにくい傾向がみられた。つまり、ネット右翼やオンライン排外主義者は客観的に社会経済的地位が低いわけではないが、主観的には自分を低く位置づけている可能性がある。

社会的孤立についてみると、配偶者や相談相手の有無とも、統計的に有意な効果は確認されない。したがって、社会的に孤立しているからといってネット右翼やオンライン排外主義になりやすいとはいえない。

政治的・社会的意識についてはすべてに統計的に有意な効果がみられ、政治的有効性感覚、権威主義的態度、伝統的家族観が強いほどネット右翼になりやすい傾向が示された。一方、政治的有効性感覚と権威主義的態度が弱く、伝統的家族観が強いほど、オンライン排外主義者になりやすい。ネット右翼とオンライン排外主義者には伝統的な家族観を支持する人がなりやすいという共通点はあるものの、権威や政治との向き合い方はまったく異なっている。

最も大きな影響を与えているのは、メディア利用である。SNSを利用しているほど、また所属団体・組織の情報を利用しているほど、ネット右翼・オンライン排外主義者になりやすく、テレビのバラエティ・情報番組を利用しているほど、なりにくい。一方、インターネットニュースの利用やブログ・まとめサイトの利用はネット右翼になりやすい傾向は高めるが、オンライン排外主義者になりやすい傾向は高めない。本・雑誌についても同様である。口コミについては逆の効果がみられ、オンライン排外主義者になりやすい傾向がみられる一方で、ネット右翼へのなりやすさには影響していない。また、テレビのニュースや報道番組をみるほどネット右翼になりにくく、新聞を読むほどオンライン排外主義になりにくい傾向も確認できた。ただしメディア利用については、そのメディアを利用するからネット右翼やオンライン排外主義者になりやすくなるのか、ネット右翼やオンライン排外主義だからそのメディアを利用するのか、どちらなのかが明確ではない(35)。ここでいえるのは、ネット右翼には反テレビ的かつインターネットに親和的な傾向がみられること、オンライン排外主義にはSNS、口コミなど、人々の間のネットワークを情報源とする特徴があるということである。

おわりに

本章では、「ネット右翼になりやすいのは誰か」という問いを、社会的属性、社会経済的地位、社会的孤立、政治的・社会的意識、メディア利用の影響の側面から考察した。さらに、保守志向の程度に応じてネット右翼とオンライン排外主義者を区別し、両者の共通点と相違点を検証した。その結果、以下のことが明らかになった。

第一に、ネット右翼とオンライン排外主義者は政治との距離のとり方が異なっていた。前者が自民党や安倍首相に好感をもち、保守を自任しているのに対し、後者は必ずしも自民党や安倍首相を支持してはいないし、自らを保守とリベラル、右と左の中間に位置づける傾向があった。今回の調査データでは、中国や韓国への態度はどちらかといえば否定的といえる範囲（十一段階の〇から四）に当てはまる回答が多かった。中国に対しては七〇・四%、韓国に対しては六七・二%がここに含まれる。つまり程度の差こそあれ、反中・反韓の空気は社会全体に広がっているといえる。排外主義は保守にとどまらない層に広がっていて、そこからオンライン排外主義者が生まれていると考えられる。

第二に、従来の説とは違いネット右翼やオンライン排外主義者は社会経済的地位が低かったり、社会的に孤立したりしているとはいえない。通説が当てはまる可能性があるのは、性別と、主観的な地位を示す階層帰属意識の効果だけである。つまり、客観的にみて学歴や世帯収入、雇用形態の面で不利な立場にいるわけではなくとも、本人が主観的に自分は不利な地位にいると認識している場合には、ネット右翼やオンライン排外主義者になりやすくなる[36]。この場合、不満が原因という通説も一定の妥当性をもつ。主観と客観のズレが何を意味するのかを知るためには、労働環境や暮らし向きについてなど、より生活実態を捉えた質問を調査に加えるといった方法で、階層帰属意識の効果の内実を検証する必要がある。

第三に、ネット右翼とオンライン排外主義者は反中・反韓や日本の伝統的な姿を重んじるという側面では共通していても、政治とどう距離をとるかという点では反対の傾向を示していた。ネット右翼は権威に従順であることを重視し、現政権に肯定的であり、政治に自分の声が届いていると感じている。これに対し、オンライン排外主義者は政治や権威に対して不信感をもっていて、現政権に対して必ずしも肯定的な感情をもっていない。ただし、ネット右翼の政治的有効性感覚の高さは保守政党である自民党が政権を担っていることが影響している可能性もある。また、政治的・社会的態度の説明力は大きいとはいえないため[37]、その影響を過大評価すべきでない。しかし、ネット右翼とオンライン排外主義者が、一方は現在の政治や権威への支持に基づいて、他方はそれらへの不信に基づいて、排外的なメッセージを発信・拡散している可能性があることは重要だろう。言い換えれば、排外主義は両者をつなぐイシューとなっている。

第四に、政治・社会問題の情報源としてインターネットや本・雑誌、所属団体からの情報を利用する人ほどネット右翼になりやすく、テレビを利用する人ほどなりにくい傾向がみられた。書籍やインターネットは選択的接触が起こりやすいメディアである。また、インターネット上ではニュースや掲示板、SNSなど異なる媒体の間で相互参照がおこなわれ、それによって互いに情報に信憑性を付与することができる。保守系雑誌・書籍やインターネット上の情報を通じて「マスコミが報じない真実」を学習することで、人々はネット右翼へと近づいていくのではないだろうか。

こうした特徴はオンライン排外主義者には必ずしも合致しない。オンライン排外主義者がSNSや口コミを重視している理由は、彼らが権威に批判的な傾向にあることから説明できるかもしれない。オンライン排外主義者はネット右翼や非ネット排外層に比べ、「一般市民の声は、エリートや政治家の意見よりも正しいことが多い[38]」と考える傾向がある。オンライン排外主義者はニュースサイトの運営者が編集した情報や、発信力をもつブログの著者の声ではなく、ネットワークのなかに流れる無数の「個人の声」を重視するといえるのではないだろうか。仮にそうだとすれば、反中・反韓が社会の「標準的」態度となっていくことが、より多くのオンライン排外主義者を生み出していく可能性もある。

本章での検討を通して明らかになったのは、排外意識をもち、インターネット上で意見発信をしている人々のなかには、政治への意識や情報の取得方法が異なる二つの集団が混在している可能性があるということである。ネット上での排外的言説を発信・拡散している人々を一枚岩の集団と見なしてしまうと、彼らの動機の多様性を見落とす危険性がある。ただし、本章の結論は、あくまでネット右翼とオンライン排外主義者を特定の質問への回答で定義した場合に導かれるものであり、彼らが実際のところどのような内容の意見発信をおこなっているのかがわからない点では限界がある。それを解明するために、「Twitter」やニュースサイトの書き込みなどの分析も進めながら、ネット右翼の全体像を探る必要があるだろう。

注

(1) Hiroki Takikawa and Kikuko Nagayoshi, "Political Polarization in Social Media: Analysis of the 'Twitter Political Field' in Japan," *2017 IEEE International Conference on Big Data*, 2017, p. 8. この研

究の分析対象となったのは、政党党首をフォローしているのに加え、自身も五百人以上のフォロワーをもつアカウントである。

(2) 高史明『レイシズムを解剖する——在日コリアンへの偏見とインターネット』勁草書房、二〇一五年、二〇九ページ

(3) 辻大介「計量調査から見る「ネット右翼」のプロファイル——2007年／2014年ウェブ調査の分析結果をもとに」「年報人間科学」第三十八号、大阪大学大学院人間科学研究科社会学・人間学・人類学研究室、二〇一七年、一四ページ

(4) 例えば倉橋耕平はインターネットの普及によって、「一九九〇年の歴史修正主義からも文脈が断絶し、共通の知的枠組みさえ共有できていないような主張が散見される」(倉橋耕平『歴史修正主義とサブカルチャー——90年代保守言説のメディア文化』〔青弓社ライブラリー〕、青弓社、二〇一八年、二二六ページ)と述べている。また、前掲『レイシズムを解剖する』によれば、コリアンに関するツイートのうち、歴史問題に言及するものは一〇%程度だった。言い換えれば、歴史問題と関わりなくレイシズムを表現するようなツイートも多くあることがわかる。

(5) 調査の詳細については、佐藤圭一／原田峻／永吉希久子／松谷満／樋口直人／大畑裕嗣「三・一一後の運動参加——反・脱原発運動と反安保運動への参加を中心に」(「徳島大学社会科学研究」第三十二号、徳島大学、二〇一八年) 七七ページを参照してほしい。

(6) 石田浩／佐藤香／佐藤博樹／豊田義博／萩原牧子／萩原雅之／本多則惠／前田幸男／三輪哲「信頼できるインターネット調査法の確立に向けて」「SSJDAリサーチペーパーシリーズ」第四十二巻、東京大学社会科学研究所附属社会調査・データアーカイブ研究センター、二〇〇九年、二〇七ページ、辻大介『インターネットにおける「右傾化」現象に関する実証研究 調査結果概要報告書』日本証券

奨学財団第三十三回研究調査助成報告書、二〇〇八年、四〇ページ

（7）保守的政治志向に含むべき項目についてはさまざまな可能性があり、前述の四項目がネット右翼に関わるすべての論点を網羅しているとはいえない。本章の結果は、あくまでもこれらの項目への支持をもとに「ネット右翼」を定義した場合の知見であることに留意してほしい。

（8）本章のもとになったシンポジウムの報告では、ネット右翼の割合が一・七％になっていた。この違いは、保守志向の項目について「わからない」と回答した場合の扱いを変えたことによる。

（9）「賛成」と「やや賛成」を合わせた割合が八・七ポイント程度高い。ほかの三項目では、一・八から二・六ポイントの違いである。

（10）古谷経衡『ネット右翼の逆襲——「嫌韓」思想と新保守論』総和社、二〇一三年、一九五ページ

（11）安田浩一『ネットと愛国——在特会の「闇」を追いかけて』（g2 book）、講談社、二〇一二年、三〇九ページ

（12）高原基彰『不安型ナショナリズムの時代——日韓中のネット世代が憎みあう本当の理由』（新書y）、洋泉社、二〇〇六年、二五五ページ

（13）Hans-George Betz, "The New Politics of Resentment: Radical Right-wing Populist Parties in Western Europe," *Comparative Politics*, 25(4), 1993, p. 15, Jens Rydgren, "The Sociology of the Radical Right," *Annual Review of Sociology*, 33, 2007, p. 21.

（14）前掲「計量調査から見る「ネット右翼」のプロファイル」

（15）樋口直人『日本型排外主義——在特会・外国人参政権・東アジア地政学』名古屋大学出版会、二〇一四年、三〇八ページ

（16）階層帰属意識は、「仮に現在の日本社会全体を、以下のように五つの層に分けるとすれば、あなた

ご自身は、この中のどれに入ると思いますか」という質問への回答を使って測定した。回答は「上」「中の上」「中の下」「下の上」、「下の下」の五つから一つを選ぶ形式である。値が大きいほど、階層帰属意識が高くなるように得点化した。

（17）前掲『ネット右翼の逆襲』

（18）前掲『ネットと愛国』

（19）前掲『日本型排外主義』

（20）Jens Rydgren, “Social Isolation? Social Capital and Radical Right-wing Voting in Western Europe,” *Journal of Civil Society*, 5(2), 2009, p. 21.

（21）Ibid.

（22）前掲「計量調査から見る「ネット右翼」のプロファイル」

（23）Hans-Georg Betz, *Radical Right-wing Populism in Western Europe*, St. Martins Press, 1994, p. 226. しかし、これを否定する結果も得られている（Pippa Norris, *Radical Right: Voters and Parties in the Electoral Market*, Cambridge University Press, 2005, p. 313.）。

（24）前掲『日本型排外主義』

（25）前掲『インターネットにおける「右傾化」現象に関する実証研究 調査結果概要報告書』

（26）Theodor Adorno, Else Frenkel-Brunswik, Daniel J. Levinson and R. Nevitt Sanford, *The Authoritarian Personality*, Harper & Brothers, 1950.（T・W・アドルノ『権威主義的パーソナリティ』田中義久／矢沢修次郎／小林修一訳〔「現代社会学大系」第十二巻〕、青木書店、一九八〇年）。本章では、「権威ある人にはつねに敬意をはらわなければならない」「伝統や慣習にしたがったやり方に疑問をもつ人は、結局は問題をひきおこすことになる」「この複雑な世の中で何をなすべきか知る一番よい方法は、指導者や専門家に頼ることである」に対する回答について因子分析をおこない、変数を作成した。値が大きいほど、権威にしたがうべきと考えている（権威主義的態度が強い）ことを意味している。

（27）安野智子「ＪＧＳＳ―２００１にみる有権者の政治意識」、大阪商業大学比較地域研究所／東京大学社会科学研究所編「ＪＧＳＳ研究論文集」第二巻、東京大学社会科学研究所、二〇〇三年、七九ページ。本章では、「自分のようなふつうの市民には政府のすることを左右する力はない」「国民の意見や希望は、国の政治にはほとんど反映されていない」「ほとんどの政治家は、自分の得になることだけを考えて政治にかかわっている」という意見への態度について因子分析をおこない、変数を作成した。値が大きいほど、自分は政治に参加できていると感じている（有効性感覚が高い）ことを意味している。

（28）本章では、「結婚しても、必ずしも子どもを持つ必要はない」「同性どうしが、愛し合ってもよい」「男女が結婚しても、名字をどちらかに合わせる必要はなく、別々の名字のままでよい」という項目への態度を使って因子分析をおこない、変数を作成した。値が大きいほど、伝統的な家族観を支持していることを意味している。

（29）Adam Klein, "Slipping Racism into the Mainstream: A Theory of Information Laundering," *Communication Theory*, 22(4), 2012, p. 21.

（30）前掲『日本型排外主義』、Ruud Koopmans and Paul Statham, "Ethnic and Civic Conceptions of Nationhood and the Differential Success of the Extreme Right in Germany and Italy," in Marco Giugni, Doug McAdam and Charles Tilly eds., *How Social Movements Matter*, University of Minnesota Press, 1999, p. 27.

(31) 前掲『歴史修正主義とサブカルチャー』
(32) 前掲「計量調査から見る「ネット右翼」のプロファイル」
(33) 高史明「在日コリアンへのレイシズムとインターネット」、塚田穂高編著『徹底検証 日本の右傾化』(筑摩選書)所収、筑摩書房、二〇一七年、二〇ページ
(34) 回答はそれぞれ「よく使う」「時々使う」「ほとんど使わない」の三つから選ぶ形式である。
(35) 辻大介は、インターネット利用があらゆる人の排外意識を高めるのではなく、もともと排外意識が高い層がインターネットを通じて排外意識を強める可能性を指摘している(辻大介「インターネット利用は人びとの排外意識を高めるか――操作変数法を用いた因果効果の推定」、ソシオロジ編集委員会編「ソシオロジ」第六十三巻第一号、社会学研究会、二〇一八年、一八ページ)。
(36) 階層帰属意識をモデルから除いた場合でも、学歴や世帯収入に統計的に有意な効果はみられなかった。
(37) 社会的属性、社会経済的地位、社会的孤立、政治的・社会的意識だけをモデルに加えた場合、モデルの適合度を示す McFadden の疑似決定係数は四%程度だった。
(38)「そう思う」または「ややそう思う」と答える割合は、ネット右翼では二九・一%、非ネット排外層では二九・〇%であるのに対し、オンライン排外主義者では四二・三%である。

第2章　ネット右翼活動家の「リアル」な支持基盤——誰がなぜ桜井誠に投票したのか

松谷 満

はじめに

なぜ桜井支持層に注目するのか

今日のネット右翼につながる動きを振り返ると、一九九〇年代に歴史修正主義運動が発生し、二〇〇〇年代にはネット右翼の活動がさかんになり、一〇年代前半にはネット右翼を基盤とする排外主義運動が激しくなった。そして一六年には、ネット右翼活動家である桜井誠が東京都知事選に立候補して約十一万票を獲得した。桜井はその後、政党（日本第一党）を組織し、引き続き政治活動を展開している。[1]

第1章「ネット右翼とは誰か――ネット右翼の規定要因」（永吉希久子）でみたように、ネット右翼についてはすでに一定の研究の蓄積が進みつつある。しかし、ネット右翼の「影響力」も含めた全体像を描き出すには至っていない。「インターネット上で右翼的な言説の浸透に日々精進する」ネット右翼は、フォロワーもしくはシンパが存在してはじめて重要性をもつ。ネット右翼に力を与えるのは、それに共感する人々なのである。[2]

しかし、ネット右翼シンパをどのようにして可視化するかというのは簡単な問題ではない。右翼的な考えの持ち主ということだけでは、ネット右翼のシンパかどうかはわからないからである。だが、桜井のようにネット右翼を自称し、[3]その代表格とされてきた人物が選挙に立候補することによって、そのシンパの可視化が可能になる。つまり、二〇一六年の都知事選で彼に投票した十一万の人々はまさしくネット右翼シンパと見なせるのである。

もちろん、ネット右翼シンパだからといって必ずしも桜井に投票したとはかぎらないだろう。[4]しかし、ネット右翼シンパでない者が桜井に入れた可能性はきわめて低いと考えられる。確かに桜井はマスメディアにも登場して話題になった[5]ことがあるのに加え、もちろん選挙期間中は街宣（街頭宣伝）活動をおこなっていたので、ネット以外でも一定の知名度はある。とはいえ、基本的にはインターネット上でネット右翼の情報に接していなければどういう人物か知ることは難しい。

なおかつ、二〇一六年都知事選の候補者の顔ぶれは、ネット右翼シンパを特定するのに適している。この選挙では、保守系の候補（増田寛也）も、右派ポピュリストの候補（小池百合子）も立候補

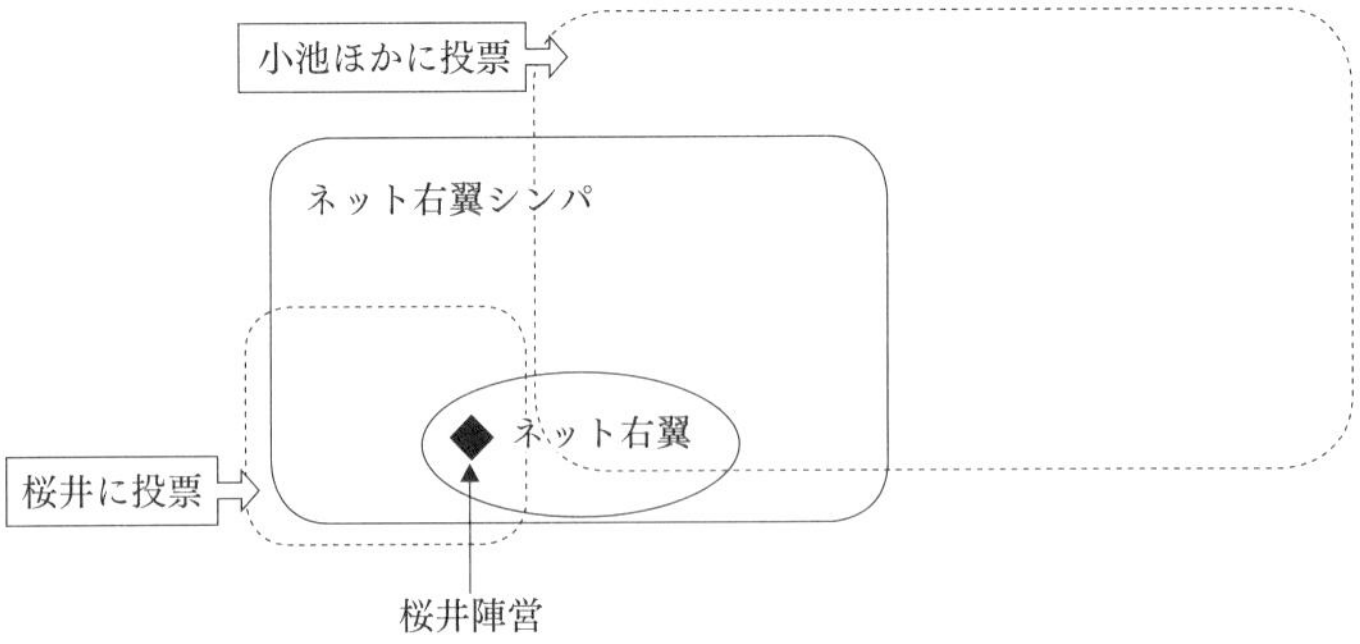

図1　桜井支持層の位置づけ

していた。つまり、こうした候補では飽き足らない、より右翼シンパの中核をなす人々が桜井に投票したと推定できるのである。(6)

これを図示すると図1のようになる。小池ほかの候補者に投票した者には、ネット右翼シンパ以外が多数含まれる。一方、桜井に投票した者には、ネット右翼シンパ以外はほぼ含まれていないと想定できる。したがって、桜井に投票した者の特徴を探ることによって、ネット右翼シンパの実像に迫ることができるといえるだろう。

以上をふまえ、本章では、ネット右翼シンパとしての桜井支持層とはどのような人々であり、逆にどのような人々でないのかを明らかにする。用いるデータはインターネットで実施した大規模調査によるものである。この分析によって、ネット右翼シンパの実像が明らかになれば、印象論ではない現実に即した議論が可能になる。今後のネット右翼研究にも貢献するものになるだろう。

調査データと分析の手順

本章で用いるデータは第1章と同じであり、詳細については第1章を参照されたい。ただし、本章では東京都知事選での投票行動を対象としているため、東京都在住者のデータに限定して分析する。

各候補者への投票割合について、実際の選挙での得票率とこの調査での回答の割合を表1に示した。実際の得票率と比較すると、当選した小池に投票したという回答が目立って多く、二位・三位候補に投票したという回答が少ない。桜井に関しては、実際の得票率よりもやや高い二・〇％という結果だった。他候補と比較すると実際の得票率にかなり近いといえる。

本章は桜井に投票した者だけに注目するために、他候補に投票した者と都知事選の棄権者はひとまとめに分類する。以下の分析では「桜井支持層」（三百四十七人、約一・五％）と「それ以外」（二万三千四百三十九人）との対比が中心になる。

本章の分析は、学術的な観点からすると、極右（支持層）研究として位置づけられる。したがってヨーロッパと日本それぞれのこれまでの極右研究をふまえながら、桜井支持層の特徴を明らかにする。まず、「誰が支持しているのか」を年齢や職業などから分析するとともに、その社会的環境、つまり人間関係やメディア環境についても検討する（第1節「ネット右翼活動家を支持しているのは誰か」）。そのうえで、「なぜ支持しているのか」を個人の

表1　2016年東京都知事選の得票率

（単位：％）

	実際の得票率	本調査の回答分布
小池百合子	44.5	63.2
増田寛也	27.4	14.2
鳥越俊太郎	20.6	12.7
上杉隆	2.7	2.5
桜井誠	1.7	2.0
マック赤坂	0.8	1.2

注：得票数が少ない候補については省略している

価値観、政治に対する意見、心理的傾向などから読み解いていく（第2節「ネット右翼活動家を支持するのはなぜか」）。最後に、以上の分析から抽出された特徴のなかでも、より直接的に支持につながる要因を特定するため、多変量解析という手法で分析する（第3節「ネット右翼活動家に対する投票の規定要因」）。

1　ネット右翼活動家を支持しているのは誰か

社会的属性

社会的属性とは、性別、年齢、職業など個人がもつ基本的な特徴のことである。ヨーロッパの極右研究では、男性と若年層に極右政党支持者が多いとされている。[7] また、低学歴、[8] 労働者階級（ブルーカラー）[9] という特徴がみられることもよく指摘される。

こうした特徴はそれほど明確なものではなく、支持は多様な社会層に広がっているともいわれる。しかしながら、傾向としてかなり一般化できることも事実であり、逆の関連が見いだされることはまれである。

日本では、「社会的弱者・周辺層」が極右やネット右翼になりやすいのではないかと指摘されてきたが、実際の調査に基づく研究では否定されている。[10] また、職業階層についても目立った関連は見いだされず、男性と若年層という程度しか特徴は見当たらない。[11] ただし、実際の投票や活動への参加とは別に、外国人の増加や権利拡大に否定的な意識（排外主義）をもつ人の特徴としては、低学歴、ブルーカラーが多いということが全国調査の分析から明らかになっている[12]。では、桜井支持層についてはどのような特徴がみられるのだろうか。

性別、年齢、学歴、職業、雇用形態（正規か非正規か）、世帯年収それぞれについて桜井への投票との関連をみた（表2）。統計的にみて強い関連があるとはいえないものの、性別、年齢、職業には関連が見いだされ、学歴、雇用形態、世帯年収については関連がないという結果になった。

表2が示しているのは、各属性をもつ回答者のうち、桜井に投票した割合である。棄権者も含めた場合の得票率は今回のデータだと一・五％弱であるため、それを上回る値が出た場合、その属性をもつ人々のなかには桜井に投票した人数が比較的多いとみることができる。

性別でみると、男性で一・九％、女性で一・〇％が桜井に票を投じていて、男性のほうが支持が多い。年齢については、特に三十代、四十代で二・二％、一・八％と多く、六十代以上の高齢層では〇・五％と少なくなっている。

職業については、社会階層研究に基づいた分類を用いた。保安職、自営ブルー層で三％を超えているのが目立つ。ただ、ケース数が少ないのでこれだけで結論を出すのは控えるべきだろう。それ以外で多いのは、意外なことに専門職層である。ヨーロッパの極右研究では専門職層は極右とは最も遠い存在と見なされることが多い[13]が、今回の調査データでは桜井支持層がやや多く一・九％である。

その内実をみるために、桜井に投票した専門職層の具体的な職業を割り出した（表3）。圧倒的に多いのは情報処理技術者である。インターネットによる調査なのでそもそもこうした職種の母数が多いのかもしれないが、職業柄インターネットを利用する頻度が多いことと相関関係があると解釈することも可能である。また、一般的な分布の傾向と比較すると、教育関連、技術職関連が少なく、芸術関連が多い。ただ、これもケース数の少なさから結果の信頼性には留保が必要である。

社会的ネットワーク

極右研究では、現代社会が抱える「つながり」の希薄化を極右台頭の要因とみる意見もあるが、[14]反対にそれを否定する知見もある。[15]家族や友人、集団への所属といった「つながり」が極右やネット右翼への支持につながるとみられている理由は大きく三つ考えられる。

表2　社会的属性と桜井への投票

		桜井への投票割合	実数
性別	男	1.9%	236
	女	1.0%	111
年代	20代	1.2%	23
	30代	2.2%	110
	40代	1.8%	128
	50代	1.2%	61
	60代以上	0.5%	25
職業	専門	1.9%	87
	大企業ホワイト	1.3%	43
	中小ホワイト	1.2%	52
	自営ホワイト	1.5%	23
	大企業ブルー	1.5%	4
	中小ブルー	1.8%	12
	自営ブルー	3.5%	6
	販売サービス	1.7%	49
	保安	3.5%	7
	農業	2.6%	1
	学生	0.4%	1
	専業主婦	1.0%	33
	無職	1.3%	29

＊有意差なし
学歴　中高卒／大卒
雇用形態　正規／非正規
世帯年収　7区分

表3　桜井に投票した専門職層の内訳（実数）

職種	実数
情報処理技術者	30
医療従事者	15
芸術家（講師含む）	12
建築・機械等技術者	8
教育関連	4
その他	18

　第一に、「つながり」のなさによる欠落感を補うために国との一体感を過剰に追求する考えや行動に至るというもの。第二に、「つながり」がない場合、自分が過激な意見をもっているという自覚をもちにくく、それを否定される機会もないために、極右的な傾向が温存されるという見方だ。そして第三に、価値観やパーソナリティなどに極右的な傾向がみられるため孤立してしまいがちという解釈である。つまり、「つながり」がないから極右的になるのではなく、極右的であるがゆえに「つながり」がもてなくなってしまうと考えられる。今回の分析では、これらの解釈の妥当性までは判断できないが、婚姻（既婚か独身か）、人間関係（ここ一年の間に誰かに悩み事を相談したか）、集団への参加（町内会、労働組合、ボランティアなど十二の各種団体への加入の有無）について関連を分析した（表4）。

　それぞれについて有意な関連はみられるものの、先の社会的属性と同様に、さほど強いものではない。未婚者、加入団体がない者で桜井への投票がやや多いといえる。

表4　社会的ネットワークと桜井への投票

		桜井への投票割合	実数
婚姻	既婚	1.1%	170
	離別・死別	1.5%	32
	未婚	2.2%	145
人間関係	悩み事を誰にも相談しない	1.7%	155
集団への参加	町内会未加入	1.7%	224
	加入団体なし	1.9%	142

表5　政治・社会情報の入手先としてよく用いるメディアと桜井への投票割合

	桜井への投票割合
テレビ（報道・ニュース番組）	0.8%
テレビ（バラエティ・情報番組）	0.7%
新聞	0.7%
ネット（ニュース）	1.8%
ネット（ブログ、まとめサイトなど）	2.7%
SNS（ツイッター、フェイスブックなど）	2.5%

メディア環境

メディア環境は、情報に接するという点で認知と学習の機会として重要である。特に桜井への投票に関してはすでに述べたように、ネット・メディアとの関係がどうなっているかが注目される。インターネットを情報収集の道具として活用していなければ、桜井の存在を知る機会は相当低くなるだろう。

この調査自体、回答者はネットモニターなので、日頃からよくインターネットを使っているものと考えられる。その点を考慮する必要があるが、個々人の利用の仕方には幅がある。ＳＮＳは使うがニュースは見なかったり、その逆だったりと、さまざまである。

ここでは、マスメディアも含めて、桜井支持層が利用するメディアの特徴を見極めたい。具体的には、「政治・社会情報の入手先」としてテレビ（報道・ニュース番組）、テレビ（バラエティ・情報番組）、新聞、インターネット（ニュース）、インターネット（ブログ、まとめサイトなど）、ＳＮＳ（「Twitter」「Facebook」など）をよく用いるかどうか[16]、ということと桜井支持との関連を分析する（表5）。

マスメディアから情報を得ると回答した者では、桜井への投票割合は低い。それに対し、インターネットのブログやＳＮＳを情報収集の手段としてよく用いると回答した者では二％を超えていて、有意に高いといえる。単純に変数間の関連をみるかぎりでは、インターネットの情報のなかでも、ニュースではなく個人による情報発信（ブログ、まとめサイト、ＳＮＳなど）をよりどころとしている者に桜井支持層が多いということが確認できる。

以上、ネット右翼活動家としての桜井を「誰が支持しているのか」について、社会的属性との関連を分析した。その結果、①ヨーロッパ極右研究でいわれてきたのと同様の傾向がみられ、男性、若年層に桜井支持者が多い、②自営も含めたブルーカラー層でやや多いが、不安定就労層という特徴はなく、情報処理技術関連の専門職層で支持者が多い、③未婚者や加入団体がないなど、人的つながりが乏しいことが関連している（因果関係はわからない）、④ネット上の個人的な書き込みを情報源としている者に支持者が多い、ということがわかった。しかし、これらは単純なクロス集計の結果から導き出されたことなので、疑似相関にすぎない可能性もある。この点は第3節であらためて検討したい。

2　ネット右翼活動家を支持するのはなぜか

次に、桜井に投票した人々が彼を「なぜ支持しているのか」について、個人の価値観、政治に対する意見、心理的傾向などとの関連性の面から分析する。特定の政党や政治家に投票するという行為は、その人自身の価値観、政治的意見との一致、共感からおこなわれるものと考えられる。しかし、それ以外の論理や心理に基づく場合も想定できる。例えば、既成政党への不信感があまりにも強いため、政治的意見は一致しないが既成政党を強く批判している政党を支持するということがあるかもしれない。現状の生活への不満がきわめて強いため、現実を徹底的に批判する政党の過激な主張に共感を寄せる可能性も考えられる。本節ではそのような可能性も含めて分析したい。

価値観――排外主義、ナショナリズム、右派権威主義

「ネット右翼」と呼ばれるとおり、右派的な価値観をもつ者が桜井を支持していることは確かだが、ひとくちに右派といっても、さまざまな価値観を含んでいる。桜井支持者の場合、どういった要素がより強く影響しているのかを詳しく知る必要がある。

ヨーロッパの極右研究では、支持者の価値観として共通するのは排外主義だとされている。[17]これは、外国人や外国製品、外国勢力を自国の脅威と見なし、その増加や権利拡大を阻もうとする考え方のことである。現在のヨーロッパではムスリムが特に標的にされている。

排外主義と関わりが深い右派的な価値観としてナショナリズムがある。(「国民」「国民国家」という枠組みを重視する)ナショナリズム自体は厳密な意味では右派に特化した思想ではないのだが、右派にとっては立場の根幹をなす重要な価値観として独自の意味をもつといえる。これまでの日本の極右研究でも、排外主義に加えてナショナリズムの影響が確認されている。[18]

また、右派権威主義(社会文化的反自由主義)という価値観も強く作用している。[19]これは「権威」や「秩序」を重視し、そのためには個人の「自由」や「権利」を制限すべきだと見なすものである。ヨーロッパで労働者階級や低学歴層で極右への支持が比較的目立つのは、経済的な不安定性よりもむしろ彼らの権威主義的で反リベラルな価値観が影響しているという。[20]

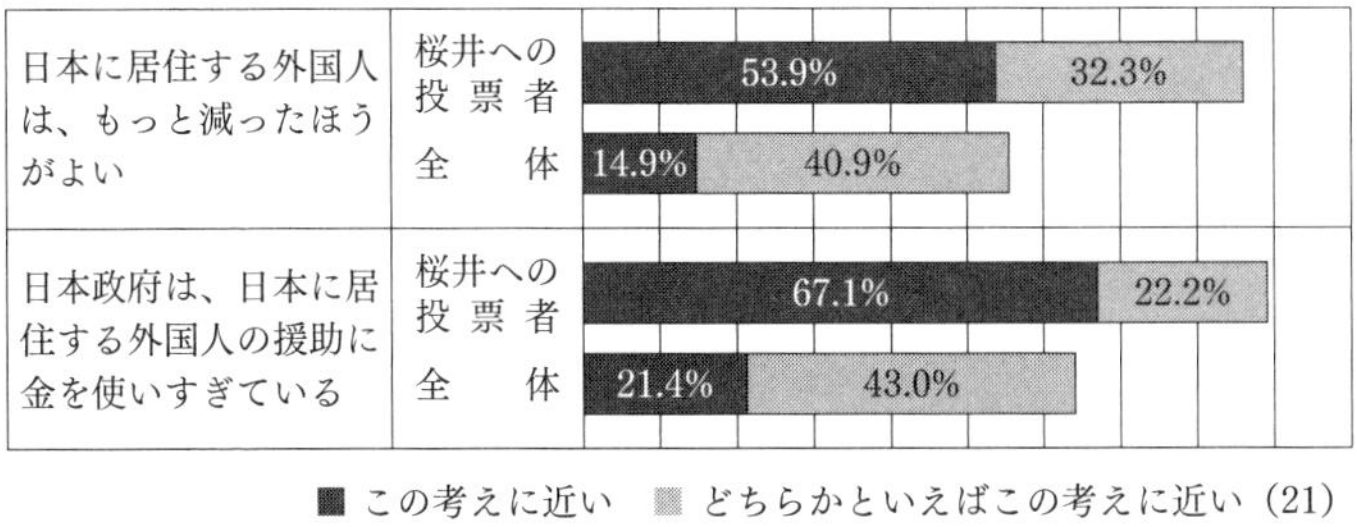

図2　桜井支持層の価値観（排外主義）

排外主義、ナショナリズム、右派権威主義と桜井への投票との関連を分析した結果をグラフで示す（図2、図3）。前節の表とは異なり、桜井支持層と回答者全体の傾向とを比較して示した。

　排外主義とナショナリズムについては、はっきりとした傾向が見て取れる。排外主義に関わる項目では、「日本に居住する外国人は、もっと減ったほうがよい」という考えに近いと回答したのは五三・九％と、調査全体の回答傾向（一四・九％）と大きな開きがある。また、「政府は外国人の援助に金を使いすぎている」についても、この考えに近いと回答したのは六七・一％（全体二一・四％）ときわめて高い割合を占めている（図2）。「日本人であることに誇りを感じる」と思うかどうかとたずねることでどの程度ナショナリズムの意識が強いかを探ったが（図3）、これもまた桜井支持層で五三・九％が「そう思う」と回答したのに対し、全体では二五・八％にとどまっている。

　排外主義とナショナリズムに関する三項目についてみると、「どちらかといえば」という回答も含めるならば、桜井支持層のほとんどは排外主義とナショナリズムの傾向をもった人々だといえる。これは全体との対比からも明らかな特徴である。

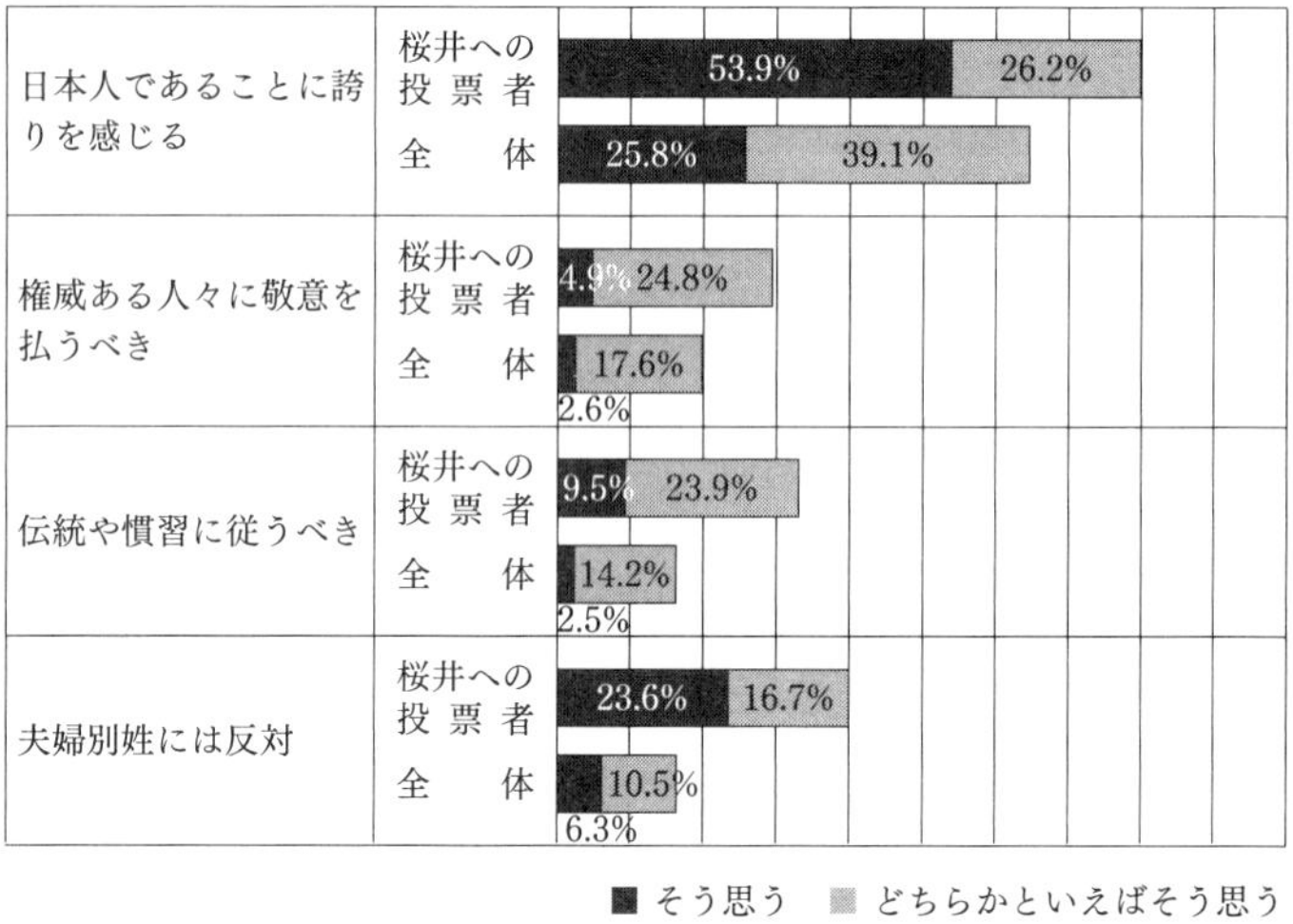

図3　桜井支持層の価値観（ナショナリズム、右派権威主義）

さらに、右派権威主義については三項目(「権威ある人々に敬意を払うべき」「伝統や慣習に従うべき」「夫婦別姓には反対」)の質問への回答によって分析した(図3)。確かに、桜井支持層は全体の傾向と比べると右派権威主義的である。しかし、先の排外主義とナショナリズムに比べると、そこまで一貫しているわけではない。むしろ、権威や伝統をあまり重視しない人のほうが多く、右派が強硬に反対運動を推し進めている「夫婦別姓」に関しても、反対が約四〇%と過半数に達しない。桜井支持層にとって、右派権威主義にはさほど関心がないといえる。

政治に対する意見や評価

国の政策や政治的争点に対する賛否には価値観が具体的に反映されるので、投票行動と強く関連するのが一般的である。同じく、政党や政治家などへの評価も投票行動と強く関連する。

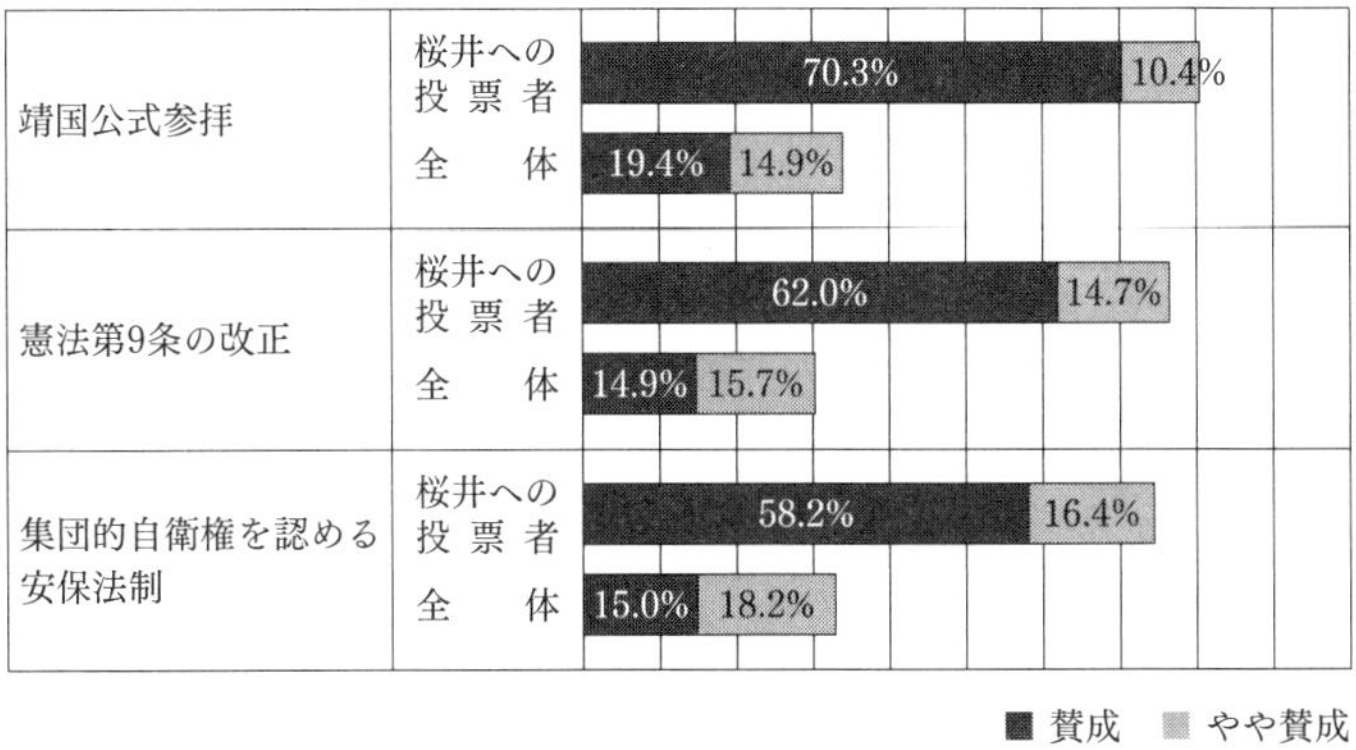

図4　桜井支持層の政策・争点評価

ネット右翼の排外主義の特徴は、近隣諸国への嫌悪感情（嫌韓嫌中感情）である。[22] その背景には、一九九〇年代以降に起きた「新しい歴史教科書をつくる会」をはじめとする歴史修正主義の運動の影響があるとされる。この点についても明確な関連性が見いだせるのだろうか。加えて、五五年体制期の保守—革新の対立の象徴的なイシューだった「憲法・安保」の側面についてはどうだろうか。

政治家や政党・団体への支持という点でいうならば、ネット右翼は「安倍応援団」と揶揄されるほど現政権寄りである。また、具体的な政策を問題にするというより、「サヨク」的なもの全般を敵視する傾向がある。[23] つまり、政策で支持／不支持を決めているのではなく、「サヨク」的なものが嫌いという感情が先に立っているのではないかと考えられるのである。

保革イシュー（憲法第九条の改正、集団的自衛権を認める安保法制）については、先に取り上げた排外主義と同等かそれ以上に明確な傾向がみられる[24]（図４）。どの項目も、全体と比べると圧倒的多数が賛成と回答している。なかで

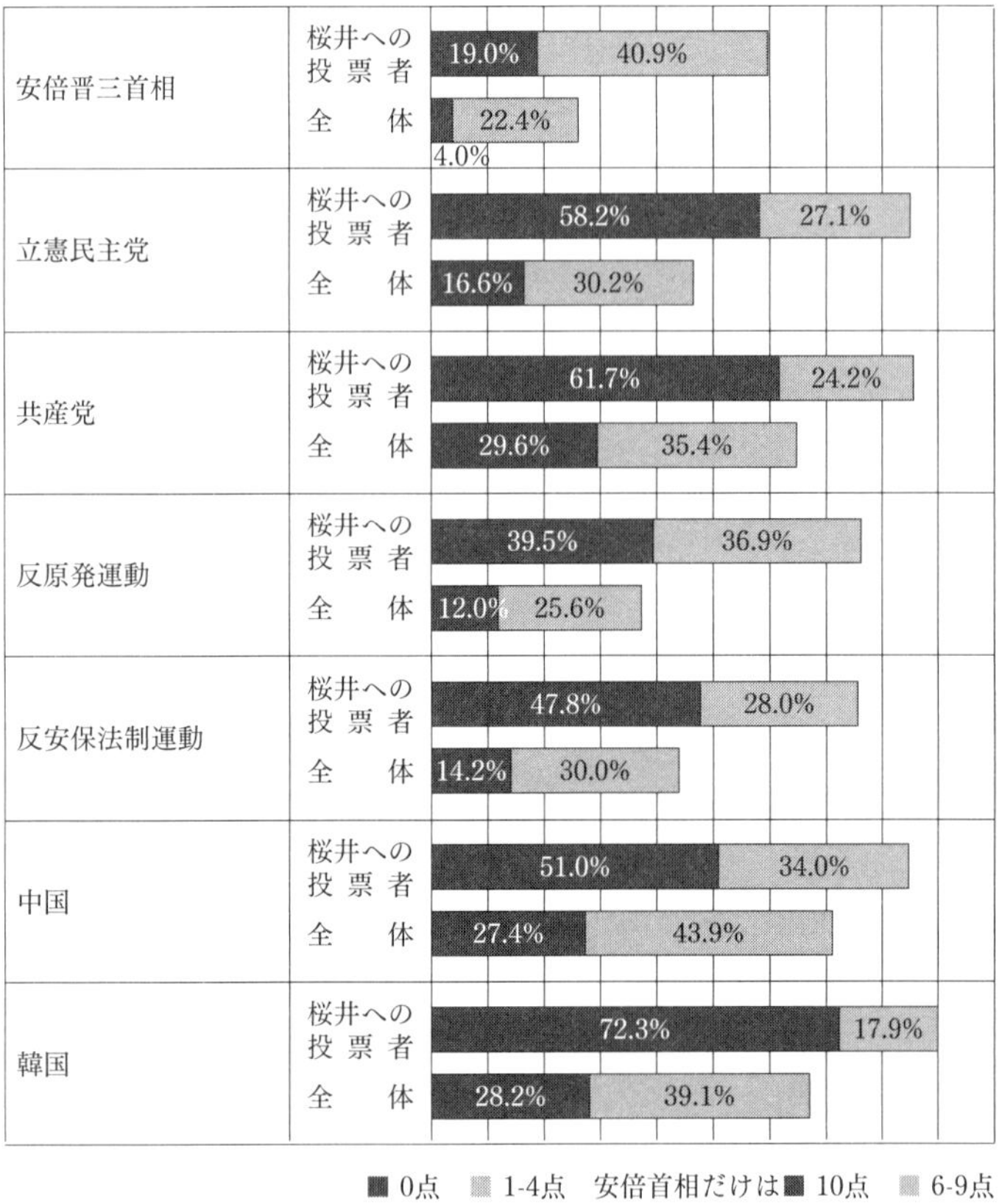

図5　桜井支持層の感情温度

も、特徴が顕著に表れているのが「靖国神社公式参拝」である。回答者全体では賛成は二〇%に届かないのに対し、桜井支持層では七〇%以上が賛成と回答している。このように排外主義だけでなく、広く保革に関わるイシューで極端な「右」に位置づけられることが桜井支持層の特徴といえるだろう。

嫌韓嫌中感情と政治家や政党・団体への評価については、感情温度という指標を用いた。感情温度とは、「嫌い」から「好き」までの感情の度合いを数値で表したもので、回答者にはその段階のなかから選択してもらった。調査では、「〇点」から「十点」の範囲で具体的な国、政治家、政党、団体について評価を求めた（図5）。

桜井支持者の嫌韓嫌中感情の強さは、桜井のこれまでの活動を考えれば当然である[25]。特に、韓国については、支持層の九〇%が「嫌い」にあたる点数をつけている。しかし、それ以上に興味深いのは右派と敵対する政党・運動への嫌悪感情である。立憲民主党と共産党に対しては八〇%以上が「嫌い」とし、反原発・反安保法制運動についても七〇%以上が「嫌い」としている。いずれも全体の傾向からはかけ離れた数値である。一方、安倍晋三首相の好感度についても全体の傾向と比べるときわめて高く、六〇%が「好き」としている。ただ、数値の分布からは「サヨク」と韓国への敵対感情のほうがより明確であるようにみえる。

政治的疎外感

以上のような政治・社会的価値観や政策などへの評価以外に桜井への投票との関連が想定できる

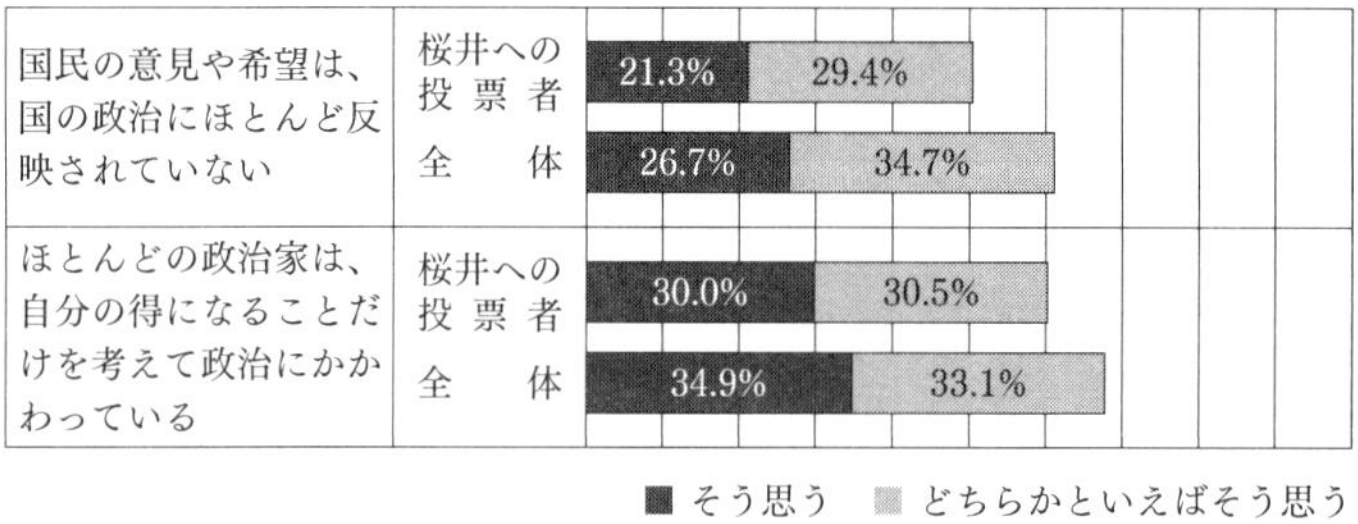

図6　桜井支持層と政治的疎外感の関連

のは、政治的疎外感である。既存の政治状況、政党、政治家に対する不信感が強いほど、必ずしも主張に賛同していなくても桜井に投票するという傾向がみられる可能性はある。先行研究では政治に対する不信感の影響はたびたび指摘されているが、それと政党支持とがどう結び付いているのかについてはさまざまな議論がある。既存の政党への不信感が強いから極右政党を支持するのではなく、むしろもともともっている自身の極右的主張が反映されない政治に対して不信感をもつようになる、とも考えられるからだ[26]。

　政治的疎外感を測るための質問項目は「ほとんどの政治家は、自分の得になることだけを考えて政治にかかわっている」「国民の意見や希望は、国の政治にほとんど反映されていない」という、よく用いられるものである。結果を分析すると、むしろ桜井支持層のほうが、政治不信の程度は低いことがわかった（図6）。桜井支持層は、自分たちの主張は現政権の政治には比較的反映されていると感じているため、政治的疎外感も低いのではないだろうか。

心理的傾向

　極右政党や右派運動が台頭する背景として、人々の心理的傾向、とりわけ経済的な不安定さや社会生活上の不遇さによる不満・不安に注目する発想がよくみられる[27]。グローバリゼーション、経済や財政の危機、価値観の揺らぎと伝統的文化の危機、社会の流動化などがその不満・不安を強くし、極右運動やポピュリズムに結び付くというのである。しかし、不満・不安が直接的に極右の支持に結び付くということを実証的に示した研究はヨーロッパに関しては乏しい[28]。

ただ、日本の研究では生活に不満をもつ人のほうが排外主義に傾きやすいという結果も示されていて[29]、どの程度それが強く作用しているのかは別にしても、本書の調査でも桜井支持層にその特徴はみられるかもしれない。今回の分析では、「生活への不満」[30]に加え、「不安」の指標として、Ｋ６という心理尺度を用いる。Ｋ６とは心理的ストレスを含む何らかの精神的な問題の程度を表すものとして広く利用されている指標である[31]。

分析の結果、「生活への不満」、不安障害ともにそれぞれ有意な関連が確認できた（図7）。桜井支持層では、生活に不満を覚える人が四〇％を超えるのに対し、全体では約三〇％にとどまっている。また、Ｋ６によって、うつ病や不安障害の可能性があると判断される人の割合をみた場合[32]、全体が二一・九％であるのに対し、桜井支持層では三五・二％となった。

これまで、不安感といった心理的要因については漠然と論じられがちであまり実証的に検討されてこなかった。今回の分析結果は疑似相関の可能性も含めて慎重に吟味する必要があるが、不満や不安は桜井支持の背景の一つとして考察する価値があるといえる。

以上、ネット右翼活動家としての桜井を「なぜ支持しているのか」について、意識変数との関連

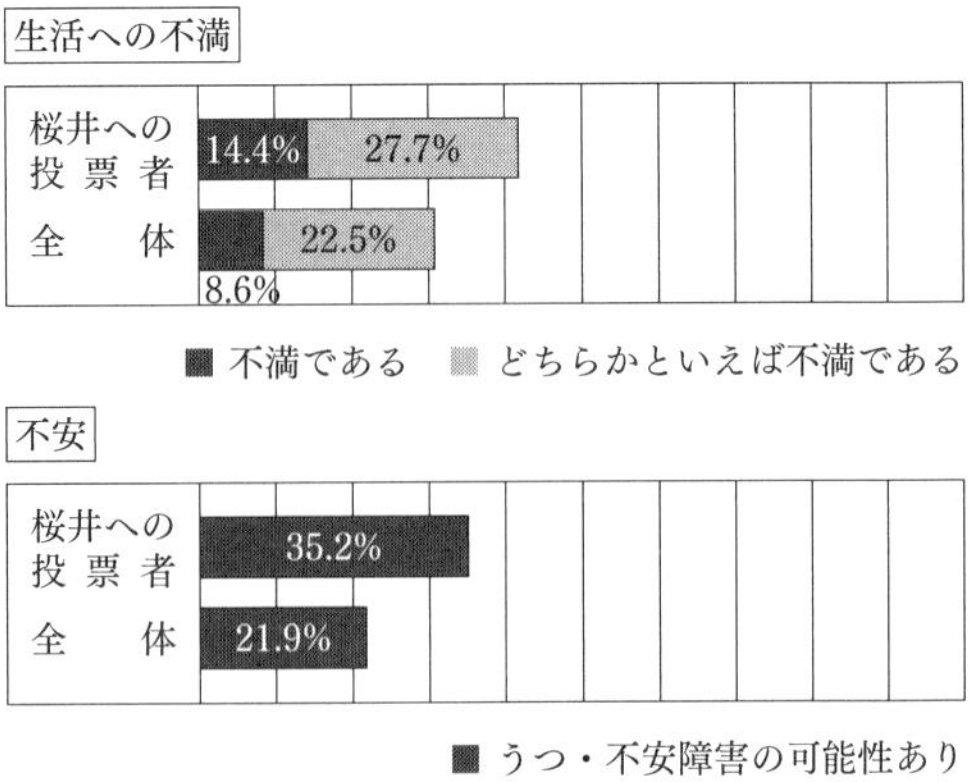

図7　心理的傾向と桜井への投票の関連

を分析してきた。その結果、桜井を支持した人々は、①彼の主張と同様に排外主義的傾向がきわめて強いナショナリストであり、②既存の保革イシューなどからみても極端な保守（右派）傾向をもち、③左派的な傾向がある政党・運動への嫌悪感が強い、という特徴がある。また、④政治に対する不信感はむしろ弱いほうで、⑤個人の生活のレベルで不満や不安を抱えている人が多い、ということがわかった。しかし、これらは前節同様、単純なクロス集計の結果によるもので、疑似相関にすぎない可能性もある。この点を次節であらためて検討したい。

3　ネット右翼活動家に対する投票の規定要因

ここまで「誰が」「なぜ」桜井を支持するのかについてさまざまな側面からみてきたが、それらの相互の関連をふまえたうえで、支持につながる決定的な要因は何なのかを考えてみたい。それを特定するために、多変量解析という手法を用いて分析する。具体的には、これまで取り上げた変数をいくつか合成するなどしたうえで独立変数とし、桜井への投票を従属変数としたロジスティック回帰分析をおこなう。(33)

分析結果（表6）について、第1節と第2節で検討した順にみていく。社会的属性では学歴と職業の効果はなく、階層的な背景は重要ではないことがわかる。すなわち、属性的にみて「社会的弱者・周辺層」であることが桜井を支持する要因だと見なすことはできない。一方、年齢については、係数からすると支持しやすいのは三十代であり、次いで四十代といったところである。これは、ネット右翼に関するこれまでの研究とも符合する。

家族や集団といったネットワークに関しては、未婚者ほど支持しやすいという効果が確認できる。一方で、加入団体がないことは支持に直接影響するものではない。

メディア利用に関しては、マスメディアとネットメディアとで明確に違いが表れている。テレビ（バラエティ・情報番組）や新聞を情報源としている人ほど桜井を支持しない傾向にあり、反対に、インターネットのブログやまとめサイトを情報源としている人ほど桜井を支持する傾向にある。おそらくは右派系のまとめサイトなどでの情報取得が重要な意味をもつのだろう。また、SNSはそれ自体では直接的な効果をもっていなかった。

次に、第2節で検討した意識要因である。価値意識として、排外主義、ナショナリズム、権威主義、文化的保守主義を投入して分析した結果、排外主義と文化的保守主義が有意な直接効果をもつことが示された。ナショナリズムは排外主義や政治的イシューに近いところにあるものの、それ自体は直接的な効果をもつわけではない。文化的保守主義は排外主義と比べると目立たないが、それでも桜井支持を促す直接的な要因になっている。

政治に対する意見や評価は、多くが有意な直接効果をもつ。嫌韓嫌中意識、反「サヨク」意識、靖国参拝賛成、憲法第九条改正賛成はいずれも桜井への支持を強める効果をもつ。一方、安倍首相に対する好感度の直接効果はない。

心理的傾向に関しては、生活満足度の効果は認められないものの、K６が有意な効果をもつこと

表6　桜井に対する支持の規定要因（ロジスティック回帰分析）

男性	0.19
年齢（基準：60代以上）	
20代	0.52
30代	1.01**
40代	0.77**
50代	0.61*
高学歴	-0.05
自営・経営者	0.18
専門職	0.09
ブルーカラー	0.05
未婚	0.25*
加入団体なし	0.03
テレビ（バラエティ・情報番組）	-0.43**
新聞	-0.17*
ネット（ブログ）	0.28**
ネット（SNS）	0.09
生活不満	-0.05
K6	0.02*
権威主義	0.04
文化的保守主義	0.12*
ナショナリズム	0.11
排外主義	0.43**
嫌韓嫌中意識	0.08**
反「サヨク」意識	0.27**
安倍好感度	0.01
靖国参拝賛成	0.33**
憲法第9条改正賛成	0.27**
Nagelkerke R2乗	0.25

N=23,786　数値は回帰係数 **p ＜0.01 *p ＜0.05

が示された。少なくとも今回の調査データからは、疑似的な相関ではなく、心理的に不安傾向にある人のほうが桜井を支持しやすいという効果があると、明確に確認できたといえる。

以上が多変量解析の結果に関する記述である。これらの解釈とそれをふまえた考察を次節でおこなう。

おわりに

本章では、インターネットで実施した大規模調査のデータに基づいて、ネット右翼シンパとしての桜井支持層がどのような人々なのかを検討した。先行研究を参考にして、重要な要因と考えられる社会的属性、ネットワーク、メディア環境、価値観、政治的意見、政治的疎外感、心理的傾向が支持にどう影響しているのかを数値から分析した。

第一に、桜井支持層には、階層的な偏りや特徴はないということが明らかになった。経済的に不遇であることや地位が低いことが彼らをネット右翼シンパにしているわけではない。その点で、「弱者」に焦点を当てた議論は誤っているといえる。

しかし、これらの人々を「極右」支持層と位置づけた場合、階層的な偏りや特徴がないという点は、ヨーロッパ極右と異なる日本の特徴といえる。ヨーロッパの場合、高学歴層、専門職層などには明らかに極右を忌避する傾向がみられる。日本の場合、階層的地位が相対的に高い人々に極右的なものへの警戒心や反発が少ないということを意味するのかもしれない。

第二に、「弱者」であるかどうかにかかわらず人々の間に遍在する心理的不安傾向が、ネット右翼シンパとなる要因として確認された。これがどの程度普遍性がある結論といえるのかは今後の調査を待たなければならないが、実証的に示されたことの意義は大きい。人々の心理的不安傾向を増大させるような社会的な出来事や変化が生じれば、ネット右翼的なものの潜在的な支持基盤が拡大すると推測することもできるからである。

ただしこの心理的不安傾向という要素はさまざまな要因のなかの一つにすぎず、価値観や政治的意見の効果と比べるならば、その影響力は微々たるものである。したがって、この側面を強調しすぎるべきではないし、なぜ心理的不安傾向が影響するのかというメカニズムについても慎重な検討が必要だろう。

第三に、ネット右翼シンパを特徴づけるメディア環境だが、あらかじめ予測したとおり、ブログやまとめサイトなどインターネット上の個人が発信する情報を参考にしている者が多いことがわかった。

メディア環境についてこれとあわせて注目すべきは、ネット右翼シンパはテレビや新聞を見ることが少ないという点である。これは双方向の因果として考えることができる。テレビや新聞に接しないことが、ネット情報への依存を高め、それによってネット右翼に共感するようになるという方向と、ネット右翼に共感するようになったためにテレビや新聞をあえて情報源として用いなくなったという方向である。いずれの方向にせよ、マスメディアとネット右翼シンパとの相性の悪さがはっきり示されたといえる。

第四に、ネット右翼シンパの価値観や政治的意見は日本の右派の主要な関心を網羅したような特徴をもつことがわかった。その特徴とは、排外主義、文化的保守主義（伝統的家族観）、反「サヨク」、歴史修正主義、そして改憲志向である。日本の右派の主張の要点を煮詰めてできあがったのが彼らの世界観だといいたくなるほど、実にわかりやすい。

日本のネット右翼シンパは単なる排外主義者ではないという点が重要である。彼らは排外主義者であると同時に、既存の右派イデオロギーにも忠実である。だから安倍首相に共感しているのであり、現政権下ではいまのところ、自分たちが政治的に疎外されているという認識はない。

この特徴は、ネット右翼の運動がさらに拡大するかどうかに影響するといえる。ヨーロッパの極右運動に関する研究によれば、運動の拡大にはまず、反政治・反エリートといったポピュリズムの要素がなくてはならない。また、既存のイデオロギーを乗り越えるような視座も必要である。

前者に関しては、先に述べたようにネット右翼シンパは現在の政権にむしろ好意的で、既存の政治エリートを否定するようなポピュリズムの要素はあまりない。後者に関しては、ネット右翼シンパは既存の右派イデオロギーへの執着が強く、例えば靖国神社参拝などでは世論との乖離が著しい。

ネット右翼活動家が現在のような方向性しかとりえないのであれば、それは日本社会にとってたいした脅威ではないだろう。しかし、本章の分析からはみ出してなんらかの進化を遂げた場合、新たな支持層を取り込むことで次のステージの幕が開くことになるのかもしれない。

注

(1) 桜井が中心となった排外主義運動については、安田浩一『ネットと愛国――在特会の「闇」を追いかけて』([g2 book]、講談社、二〇一二年)、樋口直人『日本型排外主義――在特会・外国人参政権・東アジア地政学』(名古屋大学出版会、二〇一四年)が詳しい。

(2) ネット右翼の計量的な実証研究をおこなってきた辻大介は、「アクティブに意見発信や議論はおこなわないものの、中韓への否定的態度と保守的政治志向を共有するネットユーザー」=「ネット右翼シンパ」層が拡大している可能性に注意を促している(辻大介「計量調査から見る「ネット右翼」のプロファイル――2007年/2014年ウェブ調査の分析結果をもとに」、「年報人間科学」刊行会編「年報人間科学」第三十八号、大阪大学大学院人間科学研究科社会学・人間学・人類学研究室、二〇一七年)。

(3) 桜井誠『ネトウヨ　アメリカへ行く』日本一出版、二〇一八年

(4) これはネット右翼についてもいえることである。第1章で分析した「ネット右翼」のうち、桜井に投票したのは十数パーセント(五十人前後)にとどまる。それ以外は、小池百合子をはじめとするほかの候補者に投票するか棄権している。

(5) 二〇一四年十月の橋下徹大阪市長(当時)との面談はテレビでも大きく取り上げられた。

(6) 過去の都知事選での極右候補者への投票行動についてはいくつかの研究がある(遠藤晶久/ウィリー・ジョウ『イデオロギーと日本政治――世代で異なる「保守」と「革新」』新泉社、二〇一九年、丸山真央/松谷満/久保田滋/伊藤美登里/矢部拓也/田辺俊介/高木竜輔「日本型ポピュリズムの論理と心情――2007年東京都知事選における有権者の投票行動の分析」、茨城大学地域総合研究所編

『茨城大学地域総合研究所年報』第四十一号、茨城大学地域総合研究所、二〇〇八年)。しかし、彼らは桜井とは異なり、すでにマスメディアで名の知れた候補だった。「極右」だから支持したわけではないという人も多数いたと推測できる。

(7) Pippa Norris, *Radical Right: Voters and Parties in the Electoral Market*, Cambridge University Press, 2005.

(8) Kai Arzheimer, "Electoral Sociology: Who Votes for the Extreme Right and Why and When?," in Cas Mudde ed., *The Populist Radical Right: A Reader*, Taylor & Francis, 2016.

(9) Jens Rydgren ed., *Class Politics and the Radical Right*, Routledge, 2013.

(10) 前掲『日本型排外主義』

(11) 前掲『イデオロギーと日本政治』

(12) 田辺俊介編著『外国人へのまなざしと政治意識——社会調査で読み解く日本のナショナリズム』勁草書房、二〇一一年

(13) Herbert Kitschelt, *The Radical Right in Western Europe: A Comparative Analysis*, University of Michigan Press, 1995.

(14) Wouter van der Brug and Meindert Fennema, "What Causes People to Vote for a Radical Right Party? A Review of Recent Work," *International Journal of Public Opinion Research*, 19(4), 2007, pp. 474-487.

(15) Jens Rydgren, "Social Isolation? Social Capital and Radical Right-wing Voting in Western Europe," *Journal of Civil Society*, 5(2), 2009.

(16) この質問の選択肢は、「よく使う」「時々使う」「ほとんど使わない」であり、そのうち「よく使

う」層だけに注目する。
(17) Arzheimer, op.cit., Cas Mudde, *Populist Radical Right Parties in Europe*, Cambridge University Press, 2007.
(18) 前掲『イデオロギーと日本政治』、樋口直人／松谷満「右翼から極右へ？――日本版極右としての石原慎太郎の支持基盤をめぐって」、社会理論・動態研究所編「理論と動態」第六号、社会理論・動態研究所、二〇一三年
(19) Kitschelt, *op.cit.*
(20) Rydgren ed., *op.cit.*
(21) 実際の質問では、A「日本に居住する外国人は、もっと減ったほうがよい」、B「日本に居住する外国人は、もっと増えたほうがよい」という二つの意見を示して、そのどちらにより近いかを回答するという形式である。もう一つの質問は、A「日本政府は、日本に居住する外国人の援助に金を使いすぎている」、B「日本政府は、日本に居住する外国人の援助を十分に行っていない」で、同様にどちらの意見に近いかをたずねた。
(22) 前掲『日本型排外主義』
(23) 近年、特にネット上では、政権や右派に批判的な人物・団体が、さしたる定義もなく「左翼」と蔑称されることがある。ここでは、従来の「左翼」とは異なる意味での用法という点を強調するため、「サヨク」と表記している。
(24) この質問の選択肢は、「賛成」「やや賛成」「どちらともいえない」「やや反対」「反対」「わからない」である。
(25) 桜井は、「在日特権を許さない市民の会」会長としての活動がよく知られている。この団体は特に

在日コリアンに対し、ヘイトスピーチを伴うデモや街宣（街頭宣伝）活動をおこなってきた。

(26) 前掲『日本型排外主義』

(27) 歴史修正主義運動については、小熊英二／上野陽子『〈癒し〉のナショナリズム――草の根保守運動の実証研究』（慶應義塾大学出版会、二〇〇三年）、ナショナリズムについては、高原基彰『不安型ナショナリズムの時代――日韓中のネット世代が憎みあう本当の理由』（〔新書y〕、洋泉社、二〇〇六年）、ネット右翼については、前掲『ネットと愛国』。

(28) Mudde, *op.cit.*

(29) 前掲『外国人へのまなざしと政治意識』

(30) 具体的には、「あなたは自分の生活に全体として満足ですか、それとも不満ですか」という質問に、「満足している」から「不満である」までの四段階で回答する設問を用いている。

(31) 厚生労働省「用語の解説」「平成28年 国民生活基礎調査の概況」（https://www.mhlw.go.jp/toukei/list/dl/20-21-yougo_h28.pdf）［二〇一八年十月二十三日アクセス］

(32) K6の具体的な質問内容は以下のとおりである。「過去三十日間の間にどれくらいの頻度で次のことがありましたか」という質問に対し、六つの項目を示している。「神経過敏に感じましたか」「絶望的だと感じましたか」「そわそわ、落ち着かなく感じましたか」「気分が沈み込んで、何が起こっても気が晴れないように感じましたか」「何をするのも骨折りだと感じましたか」「自分は価値がない人間だと感じましたか」。それぞれについて、「全くない（〇点）」から「いつも（四点）」のどれに当てはまるかで回答し、その合計点が九点以上の場合、うつ病や不安障害の可能性が高いとされている。

(33) 年齢を除く社会的属性・ネットワーク（性別、学歴、職業、婚姻、加入団体の有無）はダミー変数（男か女か、加入か非加入かといったように二つの値のうちどちらかをとる変数）である。K6は注

(32)の合計得点である。権威主義、文化的保守主義(伝統的家族観)は第1章と同じ項目で主成分分析をおこない、その得点を用いている。排外主義は第2節の分析に用いた項目を加算している。反「サヨク」意識は「立憲民主党」「共産党」「反原発運動」「反安保法制」に対する感情温度を主成分分析によって合成したものである。それ以外は、単項目のまま用いている(一部数値を逆転させている)。なお、「靖国参拝」「憲法第九条改正」について「わからない」と回答した場合は、「どちらともいえない」に含めている。

[付記]本研究は、JSPS科研費17H01005、二〇一八年度中京大学内外研究員制度(国内研究員)の助成を受けたものである。

第3章　ネット右翼の生活世界

樋口直人

1　ネット右翼に関するイメージの欠乏——問題の所在

ネット右翼の属性と意識について、第1章「ネット右翼とは誰か——ネット右翼の規定要因」（永吉希久子）と第2章「ネット右翼活動家の「リアル」な支持基盤——誰がなぜ桜井誠に投票したのか」（松谷満）で詳細に検討した。しかし、それでも実際にはどんな暮らしをしている人たちなのかを、リアルにイメージすることは難しい。ネット上にあふれる浅薄で乱暴な言葉の背後には、どのような生活世界が広がっているのだろうか。ごくありふれた日常生活とネット右翼の世界との間には目まいを覚えるような距離があるようにみえる。本書を含めた実証研究は、ネット右翼は決して特殊な存在ではなくごく普通の市民だということを論証してきた。が、そうだとしていったいどのような人たちなのか、具体的にイメージするには材料があまりに不足している。

そこで本章では、「Facebook」のユーザーに着目したい。「Twitter」などとは違い「Facebook」は実名を用いるのが原則で、属性情報を登録するようになっている（登録していない者も多いが）。また、日常的な出来事を記録したり、趣味や参加したイベントに関して記述したりする点で、ユーザーの生活世界が見えやすいSNSでもある。投稿のほとんどは「食事」「旅」「家族・ペット」を三本柱とする生活雑記だが、ネット右翼としての活動につながる背景も透けて見える。過激で極端な主張をする人々というネット右翼のイメージにとらわれず、それぞれの生活世界がネット右翼としての「活動」につながる背景を明らかにすることが本章の目的である。(1)

2　ネット右翼が可視化するとき――「慰安婦」合意に対する右からの叱咤

二〇一五年十二月二十八日、日韓両政府の間で「慰安婦」問題に関する合意がなされた。その骨子は、①首相が「おわびと反省」を表明する、②「心の傷を癒やす措置」のため日韓両政府が予算を拠出する、③「最終的かつ不可逆的」な解決であることを確認する、という三本柱からなる。安倍晋三首相からすれば不本意だったことは間違いないが、特に③は日本にとって都合がいい内容であり、韓国側がかなりの程度譲歩したといっていいだろう。しかし、ネット右翼はそうした現実政治に納得するはずもない。

安倍首相は「Facebook」を積極的に活用していることで知られていて、支持者が直接メッセージを書き込むことも多い。「2ちゃんねる」に「特亜板」が、「ミクシィ」に保守コミュニティがあるように、「Facebook」にもネット右翼のグループがある。「行動する保守の集会」「正しい歴史を伝える会」「日本極右&保守」など、千人単位のメンバーが参加するグループは多数あり、基本的には安倍応援団として機能している。(2) ところが、この日に安倍が書き込んだ年末のあいさつに対しては、「安倍政権の妥協の仕方に憤ります」「がっかりしました」「腸が煮えくり返る」「私の祖父は性犯罪者になるために、戦ったんじゃない」といったコメントが殺到した（二千五百五十三件）。

本章では、これらのコメントのうち時系列順の表示が可能な最大数である二千五百件を対象に、批判の書き込みをした人々をネット右翼と見なして分析していく。応援メッセージを除外し、何度もコメントを書いている者を同一人物として確定していくと、安倍を「右」の立場から非難した者は千三百九十六人だった。そのうち、属性情報を公開している者についてデータを入力し、名前をネットで検索して関連する情報が得られた場合には補足した。(3) この千三百九十六人のうち、二〇一八年六月時点でページが残っているのは七百三十五人だった。新たに属性情報を公開している者についてはデータに加え、公開投稿の内容を全員分チェックした。(4)

そのうち学歴や年齢を公開している者について集計した表1をみると、大学卒業者が六〇%を占めていて、かなり高学歴だといっていい。年齢も三十代から五十代がほとんどを占め、働き盛りの

表1　安倍首相の「Facebook」に批判を書き込んだ者の属性

学歴			年齢			性別		
	人数	%		人数	%		人数	%
大学在学・卒	332	60.7	10代	3	1.0	女性	124	16.9
高専・短大卒	24	4.4	20代	31	10.4	男性	602	81.9
専門学校卒	48	8.8	30代	53	17.8	不明	9	1.2
高校卒	138	25.2	40代	100	33.7			
高校在学・中退・中卒	5	0.9	50代	59	19.9			
			60代以上	52	17.5			
計	547	100.0		298	100.0		735	100.0

注：各人の「Facebook」ページから判明した分を計数、性別については2018年6月に確認

年代が中心である。「Facebook」は、ほかのSNSよりユーザー年齢が高いことを考慮する必要はあるが、不遇な若年層がネット右翼になるという見方は正しくないことがわかる。

七百三十五人のうち職業が判明したのは二百八十九人であり、そのうち自営・経営者が百三十七人を占める。職業が不明の者が多いのでこれだけで断定はできないが、かなり高い比率であり、第1章の分析結果とも一致する。アメリカの極右運動でも、地元のビジネスマンが活動に必要な資源を提供するなど、自営・経営者は運動で一定の役割を果たしていたが、それと類似している。[5]これはＪＣ（日本青年会議所）など地域の経済団体が極右勢力の一部を形成していることとも符合するが、「Facebook」をみるかぎり経済団体を介して右派活動に関与してはいない。また、自営・経営者だからといって実際の右派活動に多く参加しているわけでもなく、明示的な運動の基盤になっているとはいえない。

男女比はほぼ五対一で、これは在特会（在日特権を許さない市民の会）の会員構成と類似している。一般に、極右政党への投票の内訳を分析したヨーロッパの研究では男女比は二対一に

なることが多く、[6] 第2章でみた桜井誠への投票もほぼ同じだった。投票で二対一、ネット右翼で二・五対一（第1章）、本章のデータで五対一と可視性が高まるほど男性比率が高くなっていく（実際の運動に参加する活動家ではさらに差が開くと思われる）。女性のほうが人目につく活動を避けるからではないかと考えられるが、そうだとすると女性のほうがネット右翼と同じ考えをもちながらも実際には表に出ないだけなのかもしれず、潜在的なシンパが多いともいえる。

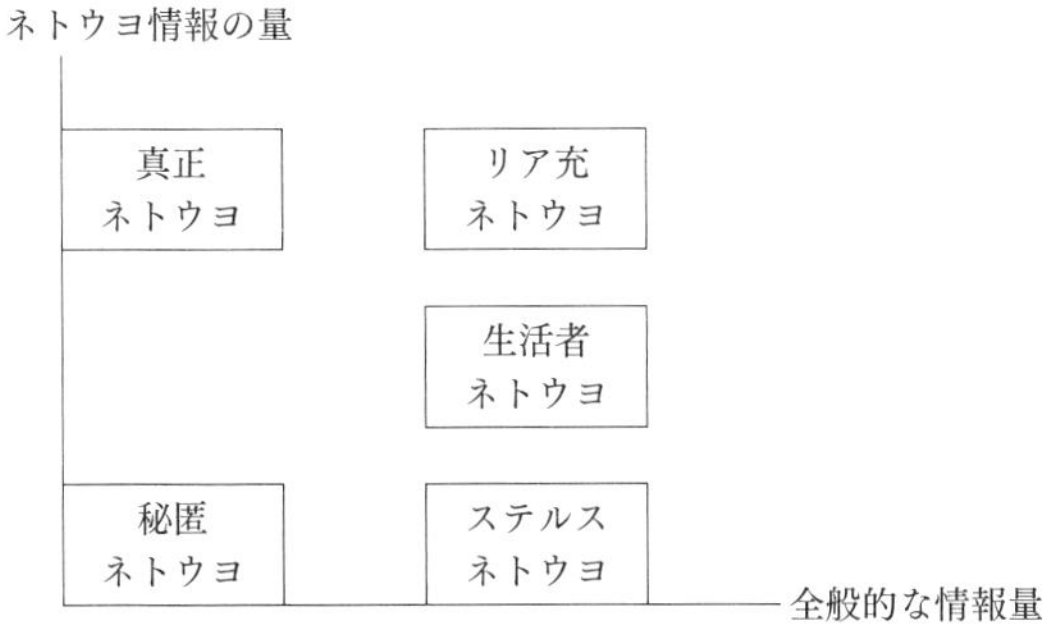

図1　ネット右翼の類型

3　ネット右翼の活動と生活の接点

「Facebook」では、内容を一般に公開するか友達と認定した相手にだけ閲覧可能にするか投稿ごとに決めることができるため、情報の公開度は人によって異なる。また、投稿する頻度も人によって異なるし、そのなかでネット右翼的投稿の比率も一様ではない。公開情報とネット右翼的情報の量によってネット右翼を分類したのが図1である。情報の公開度が高いネット右翼から限定して公開している者まで五つの類型に分けることができて、人数の多いほうから順に、①生活者ネトウヨ、②秘匿ネトウヨ、③ステルスネトウヨ、④真正ネトウヨ、⑤リア充ネトウヨとなる（表2）。以下で説明していこう。

表2　各類型の比率

		真正ネトウヨ	リア充ネトウヨ	生活者ネトウヨ	ステルスネトウヨ	秘匿ネトウヨ	合計ネトウヨ
構成比	N	97	15	261	158	204	735
	%	13.2	2.0	35.5	21.5	27.8	100.0
女性における比率	N	14	4	35	23	47	123
	%	11.4	3.3	28.5	18.7	38.2	100.0
現実の右翼	N	11	3	30	1	0	45
	%	24.4	6.7	66.7	2.2	0.0	100.0

生活者ネトウヨ

日常生活に関する投稿・シェアと、ネット右翼的な投稿が併存し、その内容を一般に公開している者で、人数としては最も多く全体の三分の一がこれに該当する。右翼的な活動に関わる比率が高く、女性はやや少ない。ほかの類型と比較して、学歴や職業上の特徴はない。周囲には保守的だと思われるだろうが、子煩悩だったりダイビングに凝っていたりラーメンの食べ歩きをしたりする、ごく普通の生活者としての性格のほうが強い。また、自らの政治的立場を隠していないにもかかわらず、日常生活とネトウヨ活動の接点がみえにくいのが特徴といえる。

もちろん、実生活とネット右翼であることの関係が見て取れる人もいないわけではない。ある理髪店主は、「Facebook」の自己紹介で以下のように書いている。「政治観コンサバティブ。自由民主党。反日思想。国旗国家《ママ》に敬意を払わない方、メッセージの無い方の友達承認は致しません」。インスタグラムでの自己紹介には、「筋トレ大好き。

ボクシング大好き　クルマ大好き」と書いていて、「Facebook」では力こぶを作って男性性をアピールしている。プライベートの関心事は基本的に自動車のツーリングにあって、右翼的な活動はしていない。しかし、沖縄の先島諸島への自衛隊配備に反対する新聞記事に対して、「何を、呑気な事を言ってるの？　支那の手先と、言われても仕方ないね」という程度の書き込みはする。

別の例として、九十年の歴史をもつコーティング会社の社長の場合は、仕事とより直結した排外感情を吐露する。「何で中国製品が東京オリンピックオフィシャルグッズになってる？　我々の税金で賄ってる行事は国産品以外ボイコットするべきだと思うのだが」と、「職人の仕事を奪う」東京への憤りを書き込んでいる。

しかし、そうした少数派以外は排外主義に結び付くような要素がまったくないのにもかかわらず、ネトウヨ的な投稿が突如として現れる。大学卒業後に銀行員になったが、学生時代に続けてきたアメリカンフットボールを諦めきれず母校のコーチになり、さらに柔道整復師の資格を取って開業した男性は、交通事故に関連するＮＰＯを立ち上げている。その一方で、「新語流行語に「はんぐる」。同義語として「全てを人のせいにする」」などと書き込んでいる。彼の経歴・日常からは、嫌韓感情が何に起因するのかが見いだしにくい。

ライオンズクラブの会員でやり手の化粧品店店主は、「倉敷春宵あかり」など地元の花鳥風月を紹介する一方で、極右議員である佐藤正久や安倍首相と親しいことで有名な金美齢の投稿を熱心にシェアしている。さらに、安倍首相の「Facebook」に対して、「総理どうされましたか？」で始まる長文のコメントを書く。中国での委託生産を専門とする企業の役員は、「中国側のパートナーの社長に二人目が生まれた」ことをうらやましがり、新生児を抱いている写真を投稿している。「フ○ック　コリアとか思いつつも来てしまったソウル」で韓国人に世話になり、「韓国（という国は）嫌いだけどやっぱ韓国人は好きなんだろうな」という点で常識人でもある。

秘匿ネトウヨ

ネット右翼全体の三〇％弱を占めるが、公開情報がほとんどなく、名前と居住地、プロフィル写真程度かそれさえない者を指す。女性が多いのが特徴で、生活者ネトウヨに男性が多いことと合わせて考えると、女性のネット右翼は私生活をさらさない傾向があるといえる。友達も公開していないことが多く、公開していても数自体が少ない。「Facebook」というSNSの性格からすると、これでは何のためにページを開設しているのかよくわからない。実際、「Facebook」では数件しか投稿がないのに対して、「Twitter」では頻繁にリツイートし、「外国人に「国民健康保険」って…憲法違反じゃないのかなぁ」などとネトウヨ的コメントばかり書き込む者もいた。その意味では、単に「Facebook」を活用していないだけの者も一定数いるだろう。

ステルスネトウヨ

投稿数は多いもののネット右翼であることを明確に示す書き込みがない者で、全体の二〇％強に達する。ネット右翼であることは、よほど注意して読まないとわからない。「慰安婦」問題に対する日韓合意に抗議して安倍首相の「Facebook」にコメントを書き込むというように、見えないネトウヨ活動をおこなっている。「ミートミートフェアいよいよ開催です」と、友人の店や活動をPRする投稿を載せている精肉卸売店経営の女性のページだけを見ていると、同じ人物が「慰安婦」合意に抗議して「安倍総理！！！　これはアカンでしょ」と書き込む姿は想像できない。おそらく友達限定の投稿にもネトウヨ的な内容はみられないと思われるため、ネット右翼であることを隠しているのだろう。秘匿ネトウヨとこのステルスネトウヨを合わせると全体の半数に達するが、逆に言えば残りの半数はネトウヨ的投稿を公開してもいいと考えていることになる。

ある損保代理店の経営者は、「Facebook」にはまったく政治的な投稿をしない一方で「Twitter」には嫌韓の書き込みを連投するといったように使い分けている。花の写真を頻繁に投稿する男性は、「産経新聞」の極右記者と「Facebook」上で友達になっている以外は、美しいものを求めて散策するのが趣味の高齢者にしかみえない。しかし、安倍夫人を批判する記事に怒り、極右に人気のあるテキサス親父を持ち上げるコメントを、関連するイベントの告知に寄せたりする。極め付きは「Facebook」に自衛艦の写真ばかり投稿する男性で、単なるミリタリー好き（以下、ミリオタと略記）のようにみえるが、実生活では在特会の熱心な活動家である。安倍首相の「Facebook」にも、「私たち活動家がなぜ韓国を非難してヘイトスピーチと散々いわれる環境の中で頑張ってきたのに…なぜ慰安婦の強制性を認めてしまう妥協をしたのですか」と活動家としての憤りをあらわにしたコメントを書き込んでいる。

真正ネトウヨ

ほとんどネトウヨ的な内容しか投稿しない者で、全体の一〇%強に達する。ある技術者は自己紹介で「日記は基本政治的なことしか書きませんのであしからず」とはっきり宣言しているが、むしろ真正ネトウヨは自らが書き込むことはほとんどない。書き込んだとしてもニュースなどへの短いコメント程度で、ほとんどは他人の投稿や「産経ニュース」などのリンクをシェアする比率が高いことが特徴である。(7) 自民党の杉田水脈や佐藤正久のような極右政治家に関する情報も多く、第5章「ネット右翼と政治——二〇一四年総選挙でのコンピューター仕掛けのプロパガンダ」(ファビアン・シェーファー/ステファン・エヴァート/フィリップ・ハインリッヒ)で取り上げる二〇一四年総選挙の場合とは異なって顔がみえる応援団である。(8) 友達は多く、ネット右翼の友達に限らず、それ以外の友達もいる。

「八百万の神が宿る、その伝統と文化が息づく日本が大好きです。…それを阻害し、犯し、破壊しようとする勢力には日本人として反応致します故、ご理解願います」とプロフィルに書いている寿司店店主は、「近現代史教育実践委員会」で活動している。「Facebook」ではほとんどシェアしかしない四十代男性も、「英霊を被告にして委員会」に加わっていた。病院の副院長を務める小児科医は、「サヨクの大学教授の科学研究費も取り上げろ」などとネトウヨ的投稿を重ねている。

リア充ネトウヨ

数は最も少なく十五人にとどまるが、実生活での趣味も豊富で付き合いも広く、非常に活動的な人たちからなる。二〇一九年の新年を迎えたときに「皇紀二六七九年元旦」と書いた医師は、趣味の天体観測にも熱心で「近場でふたご群観望中」と大きな望遠鏡の写真を添付している。一時的だが、ヨガ教室にも通っていた。「片寄った政治思想、宗教感《（ママ）》を垂れ流してます」という空調設備会社勤務の三十代男性は、「Facebook」によれば普段は釣り道具の整備に余念がないようだが、そのなかに交じって「友好？　ありえんな。赤化防衛の最前線が対馬海峡に下がることの覚悟をそろそろ決めねばならんな」などの日韓関係についての投稿もある。また、郷土史の同好会にも入っていて、正月には歳旦祭にも参加する。

学会でも活発に活動する鍼灸師は、「法友と一緒に勤行」しながら、天皇誕生日には「終戦の詔勅も拝聴」したくなったと投稿している。中国のファーウェイのスマホについては「バカが使うか、データぬすまれるのを前提に使うか」などとちゃかしたりする。鍼灸院のブログでは、本職に関わる身体のケアについての投稿しかしないが、彼のなかでは東洋医学―伝統文化―排外主義が混然一体になっているのがうかがえる。ネットの活動だけでなく、台湾の国会議員で靖国神社に批判的な高金素梅を告発する会のメンバーに加わっている。

4　ミリオタ、宗教、武道——ネット右翼のサブカルチャー的背景

ネット右翼のサブカルチャー的基盤

ドイツの極右の若者は、ファシスト、ネオナチ、スキンヘッド、フーリガンという異なるサブカルチャー的背景を有する。(9)また、建築科などの男子生徒比率が高い職業学校が極右の社会集団上の基盤になっているという指摘(10)もあるが、日本の場合もそうした明確な基盤を見いだせるのだろうか。極右サブカルチャーの背景をもつ者ともたない者の性格は異なっていて、確固たる背景もなく極右に接近する者は機会主義的な傾向があるという。(11)機会主義者は状況が変われば離れていくが、サブカルチャー的背景をもつ者は揺るぎない極右層を形成することになり、そうした人々には対策を講じる必要があるともいわれる。

こうした例を日本で探すと、作家の雨宮処凛が愛国パンクバンドに入っていたエピソードを思い出す。また、評論家の古谷経衡はアニオタ保守を自称していた。一方で、明確な実体をもつ極右である在特会にサブカルチャー的背景を見いだすのは難しい。当初は「アニオタ（アニメオタク）」や「歴史オタク」が多いのではないかと予想していたが、安倍首相の「Facebook」に書き込んだ人々の分析ではこれは該当しなかった。

アニオタはともかく、歴史オタクが少ないのはやや意外ともいえる。もっとも、アニオタが二人

だったのに対して、歴史オタクは八人なのでアニオタよりは多い。筆者が予想していた歴史オタクのイメージに近いのはある県の職員である男性だが、彼の二〇一八年の行動は以下のようだった。元旦に護国神社に初詣するが、護国神社に行くのはネット右翼では珍しくない。だが、彼は乃木神社、西郷神社、報徳二宮神社、伊達氏発祥の神社、平将門ゆかりの神社、東照宮、蒲生神社、平将門出生地、徳川慶喜墓所、靖国神社、新田義貞菩提寺に詣で、さらに二カ所も城を回っていた。昭和史への関心が強いことからミリオタ的な面ももっていて、自衛隊関連の行事にも参加している。

しかし、こうした関心はネット右翼へと至る有力な経路ではない。「慰安婦」をはじめとする歴史問題はネトウヨにとって最重要課題だからそれがネット右翼になる入り口ではないか、という予想は外れたことになる。歴史に対する関心を出発点として歴史修正主義や排外主義へと行き着くのではなく、ネトウヨ活動に必要な「動機の語彙」として歴史が選択されたと考えるべきだと思われる。[12] すなわち、敵への憎悪がまず存在し、バッシングを正当化する材料として歴史があとから利用された可能性がある。

ネット右翼に特徴的なサブカルチャーとして多かったのは、表3に示したようにミリオタ、宗教、武道である。これらを合計しても全体の一〇%程度を占めるにすぎないが、「自宅警備員」といったイメージしかなかったネット右翼の新たな側面の発見といえる。ただし、女性にはこの傾向は見いだすことができなかった。[13] 軍事や武道はもともとが男性の世界なので女性は排除されているのかもしれない。宗教と歴史なら女性も排除されないはずだが、歴史が趣味とみられる女性はいなかった（伝統芸能に関心がある女性が、日本文化の保護は大事と言うようになり、右派との接点をもつパター

表3　サブカルチャー的背景

		ミリタリー好き	宗教	武道	歴史	現実の右翼活動
全体	N	42	24	15	8	45
	全体に占める%	5.7	3.3	2.0	1.1	6.1
うち女性	N	0	9	0	0	11
	%	0.0	37.5	0.0	0.0	24.4
現実の右翼活動	N	6	12	1	0	
	%	14.3	50.0	6.7	0.0	

ンはあった）。基盤になるサブカルチャーの欠如は、ネット右翼に女性が少ないことの理由の一つかもしれない。では、サブカルチャーとネトウヨ活動にはどのような接点があるのか、以下で順にみていこう。

ミリオタ

軍事、武器、戦争に関することのマニアで、本章の調査では最も多く全体の五・七％を占めている。そのなかには自衛官経験者も一定程度存在する。特徴として女性が一人もいないことが挙げられる(14)。また、旧日本軍への関心が強い者も少数いるが、ほとんどは現在の軍事に関心があり、その意味では歴史修正主義とは直接関係はない。ただし、このなかには軍事オタクと武器オタクの二つのタイプがあり、行動や志向はやや異なる。すなわち、軍事オタクは定期的に自衛隊関連の行事に参加し、曲芸飛行する戦闘機の観覧、護衛艦への試乗、陸上自衛隊の演習の見学を楽しみ、そこで撮った写真を熱心に「Facebook」にアップロードする。

軍事オタクにとっての軍隊とは、個人レベルでは規律を体現するものであり、集合的なレベルでは規律に基づく信頼できる国防体制、ひいてはナショナリズムへと結び付いている。自衛隊の行事にしばしば参加する男性は飼い犬に「倭」という名前をつけるナショナリストだが、「産経新聞」だけでなく「朝日新聞」の購読者でもある。[15] 彼は地に足が着いたナショナリズムともいえる観点から、自衛隊員になった息子の変化を以下のように捉えている。

息子が陸上自衛隊に入隊しました。時間厳守、裁縫、アイロン、靴磨き、洗濯、掃除等全て自分でする生活で、家にいる時とは全く違うキビキビとした人間になっていました。挫折することなく自衛隊生活に馴染んでもらいたいです。仮に馴染まず、企業に就職することになったとしても、訓練において一番劣る隊員を見捨てず、お互いに教えあい、助け合いしながら連帯感をもって行動する規律を身に着けることは、社会生活を送るための大きな財産になると思います。僕も社会に出る前に自衛隊生活を経験しておけば良かったと思っています。

彼にとっては規律と国防は地続きであり、「自衛隊を鍛錬の場としても、国土を守る為の自衛組織の場として法的に確立させる為にも、現在の憲法の改正」（傍点は引用者）は必要だと主張している。国防はナショナリズムともつながっていて、「日本会議の総会で歌手の山口彩希さんの「空の海のむこう」を聞かせて頂き、感動」したとつづっている。ただし、「半島関係者は即刻日本から出て行ってくれないかな！」といった投稿はみられるが、現実の右派活動に従事するミリオタは宗教が基盤の者と比べるとそれほど多くない。これは、軍事に対する関心が趣味にとどまっていて、ネット右翼になることはあっても現実の活動にまでは結び付かないということだろう。

こうした傾向は、武器オタクではさらに強くなる。大学時代から射撃部に入っていた男性は、趣味が高じてライフルの製造・販売までおこなっていて、ライフルを解説する連載ページを狩猟雑誌にもっている。本人によれば、射撃は単なる趣味ではなく「武士道に通じる部分」があり、自己鍛錬に有益だという。彼の考えでは、学校教育に射撃を取り入れる「ロシアスタイルこそ最も理に適った国防教育」であり、これが最終的には軍事への関心までつながっていく。彼の場合、「慰安婦」合意への抗議は次のようなものだ。「満州で戦死した大叔父に、何と報告すれば良いのでしょうか？　皆さんのコメントを読んでいたら、涙が溢れて止まらなく成《(ママ)》りました」。戦後生まれの彼にとって、戦死した大叔父はそこまで身近な存在とは思えないのだが、これは歴史修正主義言説の受け売りではない。彼は、「昭和天皇から勲四等旭日小綬章」した別の「大叔父の話を聞いて育」ったため、「日教組主導の学校教育で受けた昭和の歴史認識」とは違う歴史観をもっているという。この場合、武器愛好がネトウヨ活動と結び付いたのではなく、親族から受けた影響から歴史修正主義者になったと考えたほうがいいだろう。

運送業を営む男性は、二〇一二年には体調が悪くて仕事がつらいといった生活雑記しか書いていなかったが、一三年からサバイバルゲームに興じるようになった。その翌年には、「【韓国崩壊】平昌五輪ついに【返上】」といった嫌韓投稿を始めるようになる。さらに一六年には、桜井誠が率いる日本第一党の党員になって「日本を守りたい会のブログ」を開設し、毎週末ポスティングに励むようになった（サバイバルゲームに関する投稿は二〇一五年を最後になくなった）。この男性の場合、ミリオタという段階を経由して排外主義者へと移行していった様子がうかがえる。

宗教

宗教を背景にもつネット右翼はそのほとんどが幸福の科学信者で、神道や仏教関係者はあまり多くない。それ以外の新宗教は皆無だった（倫理修養団体のメンバーは二人いた）。これは、幸福の科学の信者が絶対的に多いということではない。幸福実現党を通した政治活動に信者が携わっていること、またおそらく信者のなかでネットユーザーの比率が高いため、ネット右翼も多くなることによるだろう。特徴として挙げられるのは、全体の比率以上に女性の存在感があること、リアルな活動にも参加していることである。ただし、幸福の科学信者がほかの団体主催のイベントに出ることはなく、幸福実現党に関連する活動しかみられなかった。彼らの場合、宗教と政治が一体化しているため、例えば「建国記念の日、街宣が終わって統括支部長、女性部長さんと記念スナップです。お疲れさまでした！」という投稿からもうかがえるように、幸福実現党の催しに参加する比率は高い。

幸福の科学信者のもう一つの特徴は、安倍政権を支持しない者が多いことにある。領土問題を棚上げにしてでもロシアと平和条約を締結して中国と対抗せよ、消費税を五パーセントに下げよと呼びかけるなど、党の政治方針に沿った投稿がみられる。歴史修正主義についてはほかのネット右翼とあまり変わらないが、安倍首相を支持していないので「慰安婦」合意に対しては躊躇なく厳しい批判を書き込んでいる。

このように、幸福の科学は極右運動のなかでも異端といえるほど特殊である。したがって、リアルな活動との接点を知るうえで示唆的なのは既成宗教のほうである。[16] 右翼にとって本流ともいえる神道については、「今年最初の『京都霊山護国神社 清掃奉仕の会』に参加」したと投稿している者が、「講演会、『一刻も早い拉致問題解決のために』に」も参加している。だが、この人物以外の大多数は、せいぜい靖国神社や護国神社に参拝したという投稿がみられる程度で、それほど深い関わりはうかがえない。神道が重要なのは、神社そのものに動員力があるからというよりは、神職が右派勢力のネットワークの核になっているからであり、[17] 本章の調査対象のなかにも組織者が一人いた。彼は、モラロジー研究所、各地の神社庁、神道政治連盟、自民党、和文化アンバサダー協会、日本会議と関わりをもち、講演会などで天皇に関する専門知識を教授している。

幸福の科学以外では宗教にも女性は少ないが、宗教右派である倫理法人会で熱心に活動する女性の建設会社役員もいた。倫理法人会の月例会に出席するほか、毎月の墓地の清掃にも熱心に参加している様子が投稿からうかがえる。倫理法人会自体は政治的な活動はしないというが、彼女自身は日本会議の会合にも参加する。自民党右派である木原稔の支持者でもあり、会合には必ず出席しているようである。彼女は倫理法人会の地域支部の会長であり、建設業界の経営者でもあることから、理念と利害の双方で自民党と深くつながっている。宗教票が個々の選挙区レベルでもつ影響力の一端は、イデオロギーに還元されないこのような社会関係資本にもよるのだろう。

武道

格闘技一般ではなく、空手、剣術、柔道といった日本の伝統武道に関わる者が多い。伝統や礼儀の重視という点で、武道は基本的に右派との親和性が高いと思われるが、武道からなぜネット右翼に至るのか、そのつながりははっきりしなかった。整骨院勤務を経て柔道整復専門学校の教員になったネット右翼は、「Twitter」で竹田恒泰やケント・ギルバートらの投稿を頻繁にリツイートするものの、自らの投稿は柔道に関することばかりである。

地元の歯科医師会長を務める男性は、自民党市会議員の後援会長でもあり、チャリティープロレスのほか、年二回のチャリティーコンサートではパーカッションもこなす。コンサートには地元の自民党国会議員も駆け付けてくるようだが、郊外という地域で病院を経営する二代目の開業医は、「Facebook」をみるかぎり控えめな名望家といった風格を漂わせているように感じられる。それだけに、「慰安婦」合意に関しては以下のような苦渋をにじませた書き込みをしている。「安倍政権誕生以来最悪の失政ですね。残念です。それでも総理を支援します。でもやっぱり残念です」。彼は多忙な日々のなかで柔道の練習にも励んでいるが、それとネトウヨ活動とは直接関係があるようにはみえない(18)。武道がネット右翼の入り口になるというよりは、ネット右翼になるような保守的な志向の者は武道にも関心をもつと解釈すべきなのだろう。

5　リアル空間とネット右翼

ネトウヨ文化の不可視性

　ネット右翼というとファッションに無頓着でさえない男性というステレオタイプの外見が付きまとうが、これはおそらくネット右翼特有のファッションが存在しないためである。欧州でネオナチというとスキンヘッド、黒装束、編み上げブーツというステレオタイプがあり、それをより洗練させた比較的高価な極右ブランドまで存在する。[19]それに対して、日本の極右ファッションというと街頭宣伝右翼が身につける特攻服しかないが、これは継承されるどころか、在特会が「隊服お断り」とわざわざ宣言するほど、完全に拒否されている。ファッションアイコンといえるものが存在せず、「日の丸」「旭日旗」「菊紋」くらいしか外見的表象がない。

　これらは、戦前の否定の上に成り立つとネット右翼が考える「日本国」への抵抗としての意味をもつ点で、カウンターカルチャーとしてのネオナチと共通点がある。しかし、ネオナチのファッションアイコンはナチスへの帰属を示すのではなく、白人性の強調という意味があり、そのため白人の象徴であるバイキングのイメージも併用される。[20]ネット右翼のアイコンは、「大日本帝国」という過去へのノスタルジーを象徴するが、現代にも通じるアクティブな意味をもたない。また、これらはあくまで自らの「Facebook」や「Twitter」限定で愛好されていて、日常生活に取り入れられることはほとんどない。ミリオタが用いるアイコンは、通文化的なマスキュリニティの強調につながるが、これもまた自宅に模擬銃を飾ったり、サバイバルゲームの場で使ったり、あるいは自衛隊関連の行事で用いたりする程度で、右翼活動との結び付きは薄い。

リアル空間と地続きのネット右翼

表3でみたように、リアル活動にも関わっていることが確認できたのは四十五人（全体の六・一%）だった。内訳は、幸福の科学の信者九人、在特会系団体メンバー六人、北朝鮮拉致事件支援活動と右派政治家支援活動が各五人、反中国活動家と街宣（街頭宣伝）右翼が各三人、新右翼・神道・旧軍関係各二人、日本会議メンバー一人などとなっている。特攻服で活動しているのは三人だけであり、やはりネット右翼には特徴となる外見的アイコンがないことがわかる。その一方で、「Facebook」で情報を公開しているネット右翼の場合、「まっとうな日常生活」の一環としてネトウヨ的な投稿をするケースが多い。

鹿児島県に住む建設業者は、「みんな、髪の毛の話と健康について熱く語ってます！　二〇年前はリーゼントでキメて単車に乗ってたのに…」と、いわゆる「マイルドヤンキー」としての自己イメージを打ち出し、その当時乗っていたバイクの写真を掲げている。その一方で、地元商工会の青年部で活動し、B級グルメのメニューを市長に披露している様子も投稿する。居酒屋とラーメンが大好きで、女性が接客する店にも遊びにいく。そうかと思えば息子のサッカーを見学し、熊本地震に際して救援物資を届けもする。そして、自衛隊出身の自民党右派議員である宇都隆史の選挙応援で街宣車にも乗る。そうしながらも、「慰安婦」合意後に安倍首相に対して寄せたコメントは「そんなんだから靖国にも行けないんだろうね。最低」というものだった。

歯科医院を開業する男性は、娘も歯科医師の国家試験に合格したといって喜んで投稿したり、地元マラソン大会に出場してリタイアしたことなどを報告する。地元のJリーグチームの応援や、夏祭りでみこしを担いだこと、趣味の抜刀に打ち込み、抜刀のグループで甲冑を着て二十キロコースに出陣したことなどを「Facebook」につづっている。直接的な政治活動はしていないが、「慰安婦」合意に対しては以下のように歯に衣着せぬ自由人ぶりを発揮していた。「ふざけんな‼国賊内閣。保守本流がきいてあきれる。貴君には憲法改正は無理。羊頭狗肉そのものだ。涙がとまらん。亡国内閣。河野洋平より始末が悪い。悲しいです」

このように、充実した地域活動から保守支持へと向かう理路が、一定数のネット右翼から看取できる[21]。しかし、在特会系の団体に参加する者の場合、生活世界とリアルな活動を結ぶ糸が見えにくい。「初節句　二人の姫を　思ふ日々」と孫をかわいがる姿やカツを揚げるところからカツ丼を作ろうと奮闘する姿をみるかぎり、日本第一党の熱烈な支持者としての顔は想像できない。だが、これは在特会のメンバーが地域活動から右派活動に至る回路を特別に欠いているわけではなく、日本の都市型生活の標準的な部類に属すると思われる[22]。つまり、リアルな生活世界がもつ保守地盤に立脚したネトウヨ活動が一方に存在し、他方では生活世界とのつながりを欠いたうえでのネトウヨ活動が展開される。ただし、後者に関して、社会生活を剝奪されたからネット右翼になるとみるのはミスリーディングだろう。そうではなく、普通の都市型生活を送っていてもネット右翼になる者はいる。地域活動の延長としてネット右翼になる者は、中間集団を介してネトウヨ的な情報を受容していく。しかし、筆者が聞き取りした在特会関係者のほとんどは、中間集団を経ることもなく、ネットで偶然動画をみたといったきっかけで、活動に参入していった。こうした者がかなりの割合を占める程度には、ネトウヨ的な情報が流通していると考えたほうがいい。

ネット右翼の自由空間

だが、ネトウヨ活動にリアルな基盤は本当に必要ないのだろうか。多くのネット右翼の「Facebook」をみていると、ネット上の情報を右から左へ流して論評するだけでは、いずれ飽きてしまい、活動が長続きしないように思えてくる。ネット右翼は頻繁に書き込みをするので全体数が多いようにみえるが、攻撃的な内容の書き込みをする人の割合は実は非常に低いことは、すでに多くの研究が明らかにしている[23]。前項でみたような実生活とネトウヨ活動が地続きの生活世界をもたないネット右翼の場合、日常的な付き合いで「同志」を得る可能性は高くない。そうした人たちがネトウヨ活動を継続するには、何らかの「自由空間」が必要になってくる。

ここでいう自由空間とは、ネット右翼が自らの意見を自由に表明できるような環境を指す。これは、アメリカの人種主義団体を分析した研究で用いられた概念で、裕福な人種主義者が家や農地を買い取ってそこを「白人以外お断り」の農場にしたケースを取り上げている。彼らはそこに仲間を住まわせたりすることさえあるという[24]。これほど極端な例でなくとも、仲間が集まるレストラン、たまり場になる個人宅、定期的なキャンプなどは典型的な自由空間である。そうした場で人種差別的な音楽を聴いたりビデオを見たり、互いに話し合って気持ちを高めあったりすることで、人種差別的なアイデンティティが強まっていく。フーリガンやスキンヘッドのようなサブカルチャー集団が人種差別団体の基盤であるとしばしば指摘されるのも、これらの集団が人種主義的な思想を育てるうえで重要な機能を果たす自由空間をもっていることによる。

前節でサブカルチャー的な基盤としてミリタリー、宗教、武道を取り上げたが、そのうち宗教は自由空間をもっているので組織的にネット右翼を育んでいるといえる。しかし、軍事や武道には自由空間があまりなく、同じようなイデオロギーをもつ者同士が出会っていたとしても、それを互いに高めあう場は発生しない。すなわち、柔道大会やサバイバルゲームの参加者のなかにはネット右翼が大勢いるかもしれないが、そこからイデオロギー的連帯が生まれるわけではない。だが一方で、自由空間と無意識的なネット右翼の集まる空間の中間にあたるものとして、靖国神社や各地の護国神社を挙げることができる。地元の護国神社への参拝を「Facebook」に掲載する者は多く、靖国神社は首都圏在住のネット右翼の間で人気スポットとなっている。

「私のパワースポットは、やはり靖国神社！」という女性は、介護士として働きながら、建設自営業の夫と病気で入院を繰り返す娘と暮らしている。彼女は、靖国神社に参拝するだけでなく清掃奉仕にも参加するようになり、そこで維新政党・新風の党首とも知り合いになった。その延長で、右翼活動家だった野村秋介の追悼二十五年集会に出席し、「感極まり自然と涙が出てきて」しまったとつづっている。こうした活動に夫は同行しないが、娘を連れて靖国神社崇敬奉賛会主催の「親子のつどい」には参加している。一般に男性優位の極右にあって、女性は男性に伴われて参加することが多いとされるが[25]、彼女は一人で靖国神社に通ううちに右翼活動へと組み込まれていった。

靖国神社や護国神社というと、とかく国家との関係から論じられがちだが、草の根的な「下からの」動きとしてネット右翼の聖地になっていく過程についても論じるべきだろう。もちろんこれまでも、日本遺族会をはじめとする戦没者遺族が参拝してきた。しかし、それは「英霊」の遺族という特定の立場に基づく参拝であり、単に「日本人」という資格で参拝し、ネトウヨ思想をさらけ出せる聖地への巡礼とは異なる。ネット右翼の靖国参拝を、歴史修正主義に毒された、経験的根拠のない空疎なナショナリズムにすぎないと見なすのはたやすい。しかし、これをネット右翼が新たな自由空間を形成する過程だと見なすことも可能である。その点については結論であらためて考えることにする。

6　ネット右翼の三つの世界——結語に代えて

本章では、ネット右翼がどのような生活実態をもつのかを明らかにしようとした。その過程で可視化できたのはネット右翼が生きる三つの世界であり、その特徴と社会的な意味をまとめることで、章を閉じることにしたい。

第一は、地域に根ざして生きるネット右翼の姿である。そこでは自営業者がもつ存在感が大きい。自営業者であることは、ネトウヨ活動との関係でいえば両義的な意味をもつ。すなわち、経営者として顧客からどうみられるかに配慮して政治的な発言を控えるケースもある。実際にステルスネトウヨのなかにも自営業者層はかなり存在した。他方で、独立自営だからこそ気兼ねなく自らの政治的立場を「Facebook」に載せることも可能である。本章の調査でみてきたかぎりでは後者のほうが優勢だが、それは自営業者層が保守政治家の重要な応援団であることとも関わっている。すなわち、地域政治が保守優位の状況にあるため、地域が基盤の生業と右派政治勢力は親和的な関係にあるといえる。そのため、自らの商売―地域活動―政治活動―ネトウヨ活動が、断絶することなく社会生活のなかに収まっている（こうした点で、自民党員にはかなり多くのネット右翼がいると予想できる）。

第二は、ミリオタ、宗教、武道というサブカルチャーを基盤にもつネット右翼たちである。この点はネット右翼に関する従来の議論ではあまり指摘されてこなかった。だが、歴史を振り返れば、戦前から軍と右翼にはつながりがあり、戦後も旧日本軍の人脈は極右勢力のなかに息づいてきた。宗教も、戦前の国家神道は言うに及ばず、戦後も宗教右派は旧軍組織と並ぶ極右の基盤だった。武道も、大日本武徳会が示すように戦前の国家主義との親和性が高い。つまり、戦前の右翼との連続性を考えればこれらは実にオーソドックスなサブカルチャー的基盤であり、ネット右翼の場合もやはり重要であることが明らかになったといえる。ただし、これは限られたデータから析出されたサブカルチャーであり、「Twitter」などほかのデータソースを分析すれば、ほかのサブカルチャー的基盤も浮かび上がると思われる。

最後は、靖国神社や護国神社がもつ新たな機能である。サブカルチャーのうち、軍事や武道はネット右翼の「即自的」な集まりにすぎないが、宗教は目的意識がはっきりした「対自的」な集団を形成する。それに対して、これらの神社を参拝するネット右翼は、特に集団として行動するわけではない。が、境内でネトウヨ思想を開放するという目的意識を共有する点で、ネット右翼は「半対自的」な存在となっているのではないかと考えられる。

これは、かつてポール・ウィリスが述べたプロト・コミュニティの一形態といえる[26]。個人化した現代社会では、強固なコミュニティはおろかネットワークのような緩やかなつながりでさえ、あらかじめ存在するものではなくなっている。プロト・コミュニティとは、従来型の連帯が困難になった状況にあって、消費や感情の共有という新たな契機に基づいて生じる連帯を指す。単独あるいは少人数のネット右翼の参拝者は、日本遺族会などの旧軍関係者とは異なり、靖国神社や護国神社と組織的なつながりをもつわけではない。しかし、感情を共有した者がそれぞれに参拝を果たすことで、ネトウヨ活動への意欲は維持されていく。このようなカジュアルな「聖地巡礼」によるプロト・コミュニティの形成は、ネット右翼に限ったことではない。その意味で、ネトウヨ活動は現代的現象の一つと捉えられるが、そのコミュニケーション上の特徴については第5章で詳述する。

注

（1）具体的な方向性は異なるが、方針としては以下と一致している（Peter Marcuse, "The Need for Critical Theory in Everyday Life: Why the Tea Parties Have Popular Support," *City*, 14〔4〕, 2010）。

(2) 実証研究が乏しい日本では、「Facebook」を観察することでネット右翼のコミュニティにアプローチするのは一つの方法だろう。イギリスの反ムスリム団体に関する研究によると、デモに参加した者は「Facebook」のコミュニティにも迎え入れられたという。日本でも同様の状況が想定できる（Joel Busher, *The Making of Anti-Muslim Protest: Grassroots Activism in the English Defence League*, Routledge, 2015)。

(3) この作業は、二〇一五年十二月二十八日から一六年一月一日におこなった。自分のブログを運営していること、ほかのブログにコメントすること、極右団体の集会に出席することといった行動のほかに、それとは無関係な日常的な活動も一定程度把握することができた。

(4) 全員に友達申請して非公開情報を見ることも不可能ではないが、研究倫理上の問題を考慮して公開情報だけを閲覧した。

(5) Lisa McGirr, *Suburban Warriors: The Origins of the New American Right*, Princeton University Press, 2001.

(6) 樋口直人『日本型排外主義——在特会・外国人参政権・東アジア地政学』名古屋大学出版会、二〇一四年、三七ページ

(7) この点については、本書第5章「ネット右翼と政治——二〇一四年総選挙でのコンピューター仕掛けのプロパガンダ」（ファビアン・シェーファー／ステファン・エヴァート／フィリップ・ハインリッヒ）も参照。

(8) なかには、自民党の稲田朋美議員に政治献金をしている者もいた。

(9) Cynthia Miller-Idriss, *Blood and Culture: Youth, Right-Wing Extremism, and National Belonging in Contemporary Germany*, Duke University Press, 2009.

（10）Cynthia Miller-Idriss, *The Extreme Gone Mainstream: Commercialization and Far Right Youth Culture in Germany*, Princeton University Press, 2018.

（11）David Art, *Inside the Radical Right: The Development of Anti-Immigrant Parties in Western Europe*, Cambridge University Press, 2011, p. 33.

（12）動機の語彙については、チャールズ・ライト・ミルズ、Ｉ・Ｌ・ホロビッツ編『権力・政治・民衆』（青井和夫／本間康平監訳、みすず書房、一九七一年）を参照。

（13）これは欧州の極右研究でも指摘されている（Miller-Idriss, *op.cit.*, 2018, Janet Dack, "Cultural Regeneration: Mosley and the Union Movement," in Nigel Copsey and John E. Richardson eds., *Cultures of Post-War British Fascism*, Routledge, 2015）。

（14）右派運動の当事者による著作（佐波優子『女子と愛国』祥伝社、二〇一三年）や活動家に関するルポルタージュ（北原みのり／朴順梨『奥さまは愛国』河出書房新社、二〇一四年）には、ミリオタの女性が登場する。しかし、本章が対象としたもののなかではそうした例は皆無だった。

（15）彼は学生時代には空手に打ち込んでいたが、「Facebook」上でみるかぎり現在は何もしていないようなので、武道の人数には入れていない。

（16）極右運動では宗教関係者が占める比率がかなり高く、特に地方都市ではそのことが重要な影響を及ぼすことが鈴木彩加の報告からうかがえる（鈴木彩加「草の根保守の男女共同参画反対運動――愛媛県におけるジェンダー・フリーをめぐる攻防」、「年報人間科学」刊行会編「年報人間科学」第三十四号、大阪大学大学院人間科学研究科社会学・人間学・人類学研究室、二〇一三年）。

（17）藤生明『徹底検証　神社本庁――その起源から内紛、保守運動まで』（ちくま新書）、筑摩書房、二〇一八年

（18）このように、武道をたしなむ者は多忙ななかでも工夫して練習時間を確保していることが多い。これは、武道が単に個人の趣味にとどまらず、子ども向け大会の世話や地域活動とつながっていることと関連していると思われる。

（19）Miller-Idriss, *op.cit.*, 2018, Emily Turner-Graham, “Subcultural Style: Fashion and Britain's Extreme Right,” in Copsey and Richardson eds., *op.cit.*

（20）Miller-Idriss *op.cit.*, 2018.

（21）しかし、「慰安婦」合意に対する抗議の書き込みでは生活世界から飛躍したトーンになる。宗教を介した場合には理解可能だが、それ以外の者を理解するには国会議員の右傾化が草の根保守を勇気づけ、両者が共鳴する過程をみる必要がある。

（22）極右支持者の社会生活については以下が参考になる（Jens Rydgren, “Social Isolation? Social Capital and Radical Right-wing Voting in Western Europe,” *Journal of Civil Society*, 5(2), 2009, Kirill Zhirkov, “Nativist But Not Alienated: A Comparative Perspective on the Radical Right Vote in Western Europe,” *Party Politics*, 20(2), 2014）。

（23）この点については、本書第1章「ネット右翼とは誰か――ネット右翼の規定要因」（永吉希久子）のほか、田中辰雄／山口真一『ネット炎上の研究――誰があおり、どう対処するのか』（勁草書房、二〇一六年）が参考になる。

（24）Pete Simi and Robert Futrell, *American Swastika: Inside the White Power Movement's Hidden Spaces of Hate*, Rowman & Littlefield Publishers, 2010.

（25）Kathleen M. Blee and Annete Linden, “Women in Extreme Right Parties and Movements: A Comparison of the Netherlands and the United States,” in Kathleen M. Blee and Sandra McGee

Deutsch eds., *Women of the Right: Comparisons and Interplay across Borders*, Pennsylvania State University Press, 2012.

(26) Paul E. Willis, *Common Culture: Symbolic Work at Play in the Everyday Cultures of the Young*, Open University Press, 1990.

第4章　ネット右翼と参加型文化
——情報に対する態度とメディア・リテラシーの右旋回

倉橋耕平

はじめに——問題の所在

「ネット右翼」という呼称が聞かれるようになってから十年以上の歳月がたつが、この現象はどのようなメディア文化のもとで生じたのだろうか。

「ネット右翼」に関する包括的な研究はまだ少ない。第1章「ネット右翼とは誰か——ネット右翼の規定要因」で永吉希久子が述べたように「中国・韓国への否定的態度」「保守的政治志向」「ネット上での意見発信」の三要件を満たす者を便宜的に「ネット右翼」と仮定して実施した社会調査では、辻大介の先行研究と合わせても、ネット利用者全体の二%に満たない人々がおこなっている書き込みや投稿がこうした現象を引き起こしているものと考えられる(1)。また、第2章「ネット右翼活動家の「リアル」な支持基盤——誰がなぜ桜井誠に投票したのか」で松谷満が言及した在特会(在日特権を許さない市民の会)のように特定のグループを研究したものには、安田浩一によるルポ、樋口直人による社会運動論の調査がある(2)。

これまでの先行研究からわかっていることは、第一に、「ネット右翼」の数自体はあまり多くないということである。第二に、にもかかわらずインターネット上で右派言説を目にすることが多いのは、第5章「ネット右翼と政治——二〇一四年総選挙でのコンピューター仕掛けのプロパガンダ」(ファビアン・シェーファー/ステファン・エヴァート/フィリップ・ハインリッヒ)で詳述するように、bot(機械による自動発言システム)というプログラムを用いて大量投稿をおこなっているからである。第三に、彼らの言説機会はメディア文化やサブカルチャーから得られているということである(3)。

「ネット右翼」がどのようなメディア文化から生成してきたかと問うとき、重要なのは「技術決定論」に陥ってはならないということである。インターネットという技術が彼らを生んだと短絡的に考えると重要な点を見落としてしまう。後述するように、歴史認識をめぐる右派の運動は一九九〇年代から活発におこなわれていたし、中国・韓国・北朝鮮を敵視する言論のパターンもインターネットが普及する以前からあったものである(4)。

第1章、第2章、第5章では統計分析を用いていることからわかるように、ネット右翼と呼ばれる人々の数や属性、支持傾向は客観的に示すことができる。ここで問うべきなのは、なぜインターネットと右翼的心性が節合してネット右翼という一つの記号に収斂するのか、ということではないだろうか。

カルチュラル・スタディーズのメディア研究は、従来のマス・コミュニケーション研究での計量的な方法論（効果説）に対する批判として――アカデミズムでは従来取り上げられてこなかった人々の実践の――イデオロギーや意味作用の文化分析を重視してきた。カルチュラル・スタディーズがいう「文化」とは、「意味付与実践 signifying practices」[5]（スチュアート・ホール）を意味する。この考えに基づけば、右派言説がなぜインターネットの言論空間で注目されることになったのかという問いに答えるには、インターネットをめぐって右派がどのような意味付与をおこなっていたのかを検討する必要があるだろう。こうした視点を用いることで、インターネット登場以前の右派のメディア文化との接続／断絶が検証できるはずである。

以上の見立てから、本章では「ネット右翼」のメディア文化を分析する。第1節「インターネット以前の右派メディアからインターネットへ」では、まずインターネットの技術的変化を簡単にまとめたうえで、インターネット文化以前と以後の右派言説の連続性とインターネット文化自体の変化を検討する。第2節「「マスコミvsネット」と「メディア・リテラシーの右旋回」」では、さらに焦点を絞り、「情報に対する態度」という視点に立って「メディア・リテラシーの右旋回」とも呼ぶべき現象からネット右翼のメディア文化を分析する。第3節「新たな敵対性の創出と言説空間の刷新」では、前の二節での分析をラディカル・デモクラシー論の視点を用いて考察する。そのうえで、「ネット右翼」のメディア文化のなかの「参加型文化」と「敵対性」をめぐる意味付与実践のあり方の特徴を折出する。

1　インターネット以前の右派メディアからインターネットへ

インターネットの技術的変容

私たちが「インターネット」と呼んでいるものの内実は大きく変化している。一九九三年にWWW.規格が公開され、九五年にウィンドウズ95が発売され、ブラウザと一体になったOS（基本ソフト）がインターネットバブルを牽引した（アメリカではドットコムバブルと呼ばれた）。当時はダイアルアップ回線による通信速度の制約もあって、大学など限られたユーザーの利用が中心だった。日本でこの状況が変わるのは、定額のブロードバンド常時接続のインフラが普及し始めた二〇〇一―〇二年のことであり、この時期に世帯普及率は五〇％に到達する。(6) 〇〇年前後になると、ユーザーが増大したことでインターネットは技術的性格を大きく変えていく。「2ちゃんねる」、ブログ、SNSなどの「コミュニケーション・プラットフォーム」へとインターネットは変質する。と同時に、一九九九年には通信傍受法、二〇〇一年には不正アクセス禁止法、〇二年にはプロバイダ責任制限法などの法的な整備がなされ、インターネットも管理されることになった。

他方で、インターネットの商業化も進んでいった。『情報通信白書 平成二十七年版』によると、一九九六年に十六億円だった広告費は二〇〇三年にGoogleアドセンスのような「運用型広告費」（端末の利用履歴や検索結果に合わせて個々人の画面に異なる広告を出す手法）が注目を浴びると一気に一千億円市場になって〇九年には新聞広告費を抜く。電通の「二〇一七年 日本の広告費」によると、この年のインターネット広告媒体費は一兆二千二百六億円で、広告費全体の二三・六％であり、そのうち、「運用型広告費」が約七七％を占めていたという。(7)

この過程で、個人情報（ライフログ）と利便性をトレードオフするインターネットの仕組みは、アルゴリズムを用いて情報をパーソナライズする方法を洗練させ、ユーザー一人ひとりの端末それぞれに向けての「おすすめ」や「広告」を提示するシステムが主流になる。その結果ユーザーは「見たいものしか見ない」で自分の世界に「閉じこもる」ことになり、ホモフィリー（同質選好）のエコーチェンバー（共鳴空間）のなかで同質的なユーザーとだけ共振する空間へとインターネットは変容した。こうしたインターネットの性格を、イーライ・パリサーは「フィルターバブル(8)」という言葉で表現した。

現在私たちが検索エンジンで探すことができる情報は、全インターネットのうちの四％とも六％ともいわれ、残りの九〇％以上は「ディープ・ウェブ」と呼ばれるログインが必要なサイトやスマートフォンのアプリからアクセスするもので占められている。「WIRED」元編集長のクリス・アンダーソンが二〇一〇年に“The Web is dead（ウェブは死んだ）”と宣言したことがその象徴である。

こうした技術的変化があった一方で、インターネットをめぐる文化変容はどのようなものだったのだろうか。簡単に振り返ろう。

インターネットの文化的変容

よく知られているように、インターネットが登場したばかりの頃は、ウィリアム・ギブスンのサイバーパンク小説『ニューロマンサー』に由来する「サイバースペース」という言葉を用いて、この新たに生まれた世界と空間を称揚する、期待にあふれたユートピア的なインターネット観が主流だった。サイバースペースの思想をリードしたのはアメリカ西海岸の人々である。一九九六年の「サイバースペース独立宣言」（ジョン・ペリー・バーロウ）がその代表だが、人種、経済、特権に基づく偏見などはなく、フリーでオープンで体制の意向に縛られない自由なユートピアを志向していたといえる。(9) こうした傾向については、技術至上主義的で個人至上主義的なサイバー・リバタリアニズム、あるいはアナーキーな思想とまとめられている。それらは若干の揶揄のニュアンスも含んだ「カリフォルニアン・イデオロギー」という名で呼ばれるようになった。(10)「フリー」「オープン」「シェア」などの標語が躍った初期インターネット言説はまさにカウンター・カルチャーであり、サブカルチャーとして、そしてアンダーグラウンド・カルチャーとして享受された側面が強い。

著作権に関しても、コピーライトではなく、「コピーレフト」（リチャード・ストールマン）という標語やオープンソース運動といったソフトウェアをシェアする思想がうたわれた。日本では、コピー文化、コンテンツ無料文化は「嫌儲」というネットスラングによって表現された。

しかし、二〇〇〇年前後の技術的変化、管理媒体化、商業化の波と相まって、「ネットのことはネットで調べる」というように、情報が自己循環しやすい「閉じた」方向にインターネット文化が転換していく。「ググれカス」や「おググりくださいませ」といった情報に対する態度がまさにそれである。(11)コンテンツの共有文化も変容していく。「ニコニコ動画」で人気になった楽曲はカラオケに入っても日本音楽著作権協会未登録のために著作権料をもらえないのだが、それは理不尽だという方向に怒りの矛先が転回していく。その結果、著作権フリーを信奉するユーザーは「嫌儲厨」と非難されるようになり、コンテンツ無料文化は反転していった。(12)

以上のように振り返ると、ウェブが登場してから約三十年がたとうとしているいま、インターネットをめぐる状況は初期の思想とはまるで逆の方向に向かっていることがわかる。「フリー」「オープン」「シェア」ではなく、管理され、クローズドで、商業化されているのが現在のインターネット文化なのである。

では、右派言説はこうしたインターネット文化の変遷とどのように関わっているのだろうか。

インターネット以前の右派言説との連続性

「ネット右翼」の思想は、樋口直人が指摘するように、論壇誌やマンガなどのメディア文化を経由して言説機会を得ている。(13)一九七〇年代に「反左翼言説」と「反共産主義」を標榜して創刊された保守・右派論壇誌は、冷戦構造のなかで、アメリカやソ連をめぐる軍事や経済問題を扱ってきた。しかし九〇年代に入って冷戦構造が崩壊していった頃から、中国、韓国、北朝鮮を批判する記事が目立ちはじめ、次第に歴史認識をめぐる問題が焦点になっていった。九六年末に「新しい歴史教科書をつくる会」が活動を開始して九七年に日本会議が発足すると、歴史認識をめぐる文化領域の政治はさらに隆盛し、近隣諸国との関係を著しく悪化させていくことになった。

詳細な分析は拙著『歴史修正主義とサブカルチャー』[14]を参照してほしいが、メディア文化の視点から興味深いのは、右派論壇は、議論の内容の変化と同時に言説の「パッケージ」にも変化をみせていることである。

一九九〇年代に最も発行部数が多かった論壇誌「正論」（産経新聞社）と、書籍シリーズとして大ヒットした小林よしのりの『ゴーマニズム宣言』（小学館、幻冬舎）の特徴は、読者の意見を募り、読者投稿で紙面を構成していく手法だった。「正論」は、大島信三編集長時代の九八年に、約四百ページのうちの一〇％を読者投稿コーナーに割いていた。このコーナーから企画が立ち上がった記事もあった。他方、「慰安婦」問題をきっかけに歴史認識問題を論じるようになって大きな反響を得た小林は、「さあ朝日新聞が正しいか?産経新聞が正しいか?／慰安婦がホントに〝従軍〟なのか？〝性奴隷〟なのか？（略）我々で結論を出そう！」とあおって読者の投稿を募集し、「慰安婦問題は読者参加で行く」[15]と宣言していた。小林は、事前に募集した読者意見について「強制連行はなかった派」が八〇％に達したと発表し[16]、これに呼応して「なかった派」側の主張に立った作品を執筆するようになる。

このとき立ち上がった現象の構造的側面は、「参加型文化」と「集合知」と呼べるものである。すなわち、一九九〇年代の右派論壇は、歴史学の通説に対して「みんなで考えよう」「みんなで考えたことを共有しよう」という姿勢を示したのである。さらに重要なのは、これが学術出版ではなく商業出版で展開されたことだった。右派の政治言説は、インターネットやCS放送といったオルタナティヴなメディアにしか言論空間がなかった。こうした背景のもとで、言論空間は「ビジネス」として展開されるようになり、政治言説では売れる言説こそが正しいという「文化消費者の評価」が重要視されていく時代へと変化していったのである。(17)

翻って「ネット右翼」とインターネット文化を考えると、この一九九〇年代に作り出された保守論壇のありようは、インターネットの技術変容と言説の「真正性」を自己強化する傾向ときわめて相性がよかったことがわかる。九〇年代に培われた「参加型文化」と文化消費者の評価を重視してできあがっていく「集合知」が、インターネットという技術的後押しを得て強化されていったと考えられる。

情報をめぐる態度の変化

この三十年間のインターネット文化の変化を総括し、右派言説のあり方との連続性を考察したが、これで十分だろうか。そうではないだろう。

インターネット文化が変容していったのに呼応して、情報をめぐる態度はどのように変化しただろうか。

「ネット右翼」という言葉が新聞に初めて登場したのは二〇〇五年(18)のことである。マスメディアで認知されたのがこの時期だということは、それよりも少し前にこの記号が示す対象が存在していたと考えるのが妥当だ。これまでの研究では、ネット右翼が一般に認知されるきっかけは〇二年のサッカー日韓ワールドカップでの日韓翻訳掲示板での日韓双方のユーザーの「論争」にあるとされている。日本の「2ちゃんねる」利用者は歴史認識問題をめぐる論戦で「勝利」した。そして、インターネットでの「論破」というコミュニケーション・モードに快感を得て、自ら知識を探究するわけではなくその手法だけを模倣する「フリーライダー」を増殖させた。[19]

こうした「論破」に熱中する傾向は、一九九〇年代の歴史修正主義者の「歴史ディベート」にもみられた特徴である。[20]歴史のテーマをめぐって二チームに分かれ、それぞれの主張のどちらに説得力があるかで勝者を決めるゲームを歴史認識の真理判断に導入しようとする活動がおこなわれていた。しかし、これはその場で相手を沈黙させることができればいいだけであり、単に自分の主張に都合のいい知識と論理を強化するばかりで、歴史の真実を明らかにしようとする営為とはとうていいえない。

これと関連して、日本のインターネットでは「情報強者（情強）」「情報弱者（情弱）」という言葉が一時のバズワードとなった。「情強」は、インターネット利用に長けた情報に精通している人を指し、「情弱」となるとほとんど「バカ」を意味する侮蔑の言葉になる。先に挙げた「ググれカス」という言葉に象徴される態度もこの文脈に位置づけることができる。そして、「情弱」の者たちが手に入れられない情報をタダで入手できる「情強」は、インターネット空間で優位な立場を維持できるのだ。

興味深いことに、第2章の調査結果をみると、「ネット右翼」のなかには情報技術者が一定の割合いることが確認できる。アメリカの「オルタナ右翼」がそうだったように、テクノエリート（テクノクラート）と右派が結び付くことには偶然ではない理由があるのかもしれない。では、両者を結び付けるものは何か。なぜ、「リバタリアン」風で「左派的」思考だったインターネットの思想が、その後右派と結び付くことになったのか。

2 「マスコミvsネット」と「メディア・リテラシーの右旋回」

マスコミvsネット、そしてメディア・リテラシー

「ネット右翼」の特徴として、しばしば「反マスメディア」という性格が指摘される。例えば、かつて自身が「ネット右翼」だった古谷経衡は、ネット右翼は常に保守の立場を保つわけではなく、二〇〇二年のサッカー日韓ワールドカップを契機に、「アンチ既存の大手マスメディア」という立場をとったと分析している。[21] 古谷はそれを「前期ネット右翼」と呼び、〇四年の「チャンネル桜」[22]の登場を機に既存保守とネット右翼の言論が合流していったと指摘している。旧来の保守論壇は「インターネット・リテラシー」を欠き、従来のメディアに自閉していたためネット右翼とは距離があったが、その垣根を取り払ったのが「チャンネル桜」によるネット動画だったという。そしてそれを媒介にして「後期ネット右翼」が誕生したと分析する。[23]

仮にこの分析が正しいとすると、二〇〇二年以降に「情報をめぐる態度」はどのように変わったのだろうか。

ここで参照したいのは、右派論壇・右派言説における「情報をめぐる態度」に関して最も多くの

発言をしている西村幸祐の主張である。西村はもともとスポーツジャーナリストだったが、日韓ワールドカップの報道をめぐって「現代コリア」に「メディアの解体(24)」を寄稿する。以来、右派論壇で〈メディアリテラシー〉という観点から「反日メディア」を批判する言論活動を続けた。編集長を務めた「撃論ムック」（オークラ出版）では、二〇〇六年以降毎年のように「反日メディア特集」を組んでいる。これまでも調査のかぎり、彼ほど右派で〈メディアリテラシー〉という言葉を用いた人物はいない（本章では、西村が用いる言葉を〈メディアリテラシー〉とし、学術的な用語としては「メディア・リテラシー」と表記する）。

西村の右派論壇デビュー作である前述の論考はその後二度にわたって著書に転載されていることからも、彼の代表作と考えていいだろう。そこで西村は次のように述べている。

〔中田英寿引退の誤報発見は：引用者注〕W杯の一ヶ月を通して多くの読者がメディアを読み解く力を蓄え、日本に於けるメディアリテラシーの新しい波が急速に広まった結果に他ならない。(25)

ネット上の意見交換はすでに〈送り手〉の想像できない次元で、〈受け手〉がメディアの情報を吟味しながらメディアが振り撒く守旧的イデオロギーから自由になった行動を生んでいる。メディアが情報を精査、検証せず、手垢にまみれた固定観念に囚われ、時代遅れの反日イデオロギーから自由になれなければ、（略）〔久米宏や筑紫哲也のように：引用者注〕〈受け手〉の嘲笑の対象にしかならない現実がもうここにあるのだ。(26)

彼がここで述べる「守旧的イデオロギー」「反日イデオロギー」とは、他稿では「旧思考サヨクの言論空間」[27]と呼ばれているもので、いわば既存の大手メディアの活動全般である。西村は、『マンガ嫌韓流』のコラムにも「反日マスコミと韓国」という原稿を寄せている。

反日メディアの情報統制にもかかわらず、インターネットの普及により欧米やアジア各国のメディアで報道されている韓国や中国のニュースも簡単に読めるようになり、日本人のネット利用者は既成メディアが報じない情報を得られるようになった。そんな過程が、日本のメディアリテラシー発達史の側面であり、今やインターネットを利用する人とそうでない人とではデジタル・ディバイドという名の情報格差、そしてメディアリテラシー能力において、格段の差が生まれているのだ[28]。

これが掲載された『マンガ嫌韓流』の「極東アジア調査会レポートFile06「メディアリテラシーとインターネット」」というコーナーで西村は、「2ちゃんねる」も玉石混交で「嫌韓厨と呼ばれる、韓国を貶める発言しかしない人間もいれば、朝鮮半島の研究者レベルの人間もいるんだ[29]」と指摘している。

西村や『マンガ嫌韓流』は、「守旧的イデオロギーから自由」な市井の人々が情報を得て「情強」になっていくことで「情報回路の上流にいる〈送り手〉から下流にいる〈受け手〉に情報伝達を行う、従来の〈情報のヒエラルキー〉を解体していく」[30]ことができると繰り返し訴える。それによって、「マスメディア＝サヨク」のプロパガンダを見抜こうというのが西村の主張だ。〈メディアリテラシー〉をもつ者は、インターネット社会で「情強」であり、既存メディアを相対化できるエリートであるという位置づけが見て取れる。

ここからは、一九九〇年代に生じた「みんなで考え、みんなで共有する」という文化に基づく「参加型文化」と「集合知」が、インターネット上でどのような形をとるようになったかということがわかる。文化生産者の評価（上流）よりも文化消費者の評価（下流）のほうが重要であり、情報に強いのはマスメディアではないという西村の姿勢が、〈メディアリテラシー〉という言葉の使い方に込められているのである。[31]

メディア・リテラシーの左派的特徴

原点に返って、「メディア・リテラシー」とはどのようなものだったのかを確認しよう。一九八七年にカナダで発足したメディア・リテラシー協会（Association for Media Literacy：AML）の定義を借りると次のようになる。

メディア・リテラシーとは、市民がメディアにアクセスし、分析し、評価し、多様な形態でコミュニケーションを創り出す能力を指す。この力には、文字を中心に考える従来のリテラシー概念を超えて、映像及び電子形態のコミュニケーションを理解し、創り出す力も含まれる。[32]

一九八〇年代後半にカナダやイギリスなどで国語教育のなかに組み込まれた「メディア・リテラシー教育」の対象は「市民」であり、多様な読解やコミュニケーションをめざすことが目的として挙げられている。

しかし、「メディア・リテラシー教育」は政治的に多くの問題を抱えてきたことも指摘されている。菅谷明子によれば、教師による価値観の押し付けやそのときどきの政権との関係によって「メディア・リテラシー教育」は攻撃されるという問題があった。AMLに所属する教師バリー・ダンカンが述べているように「メディア・リテラシーは、伝統的な教育を支持する人からは左翼的・革新的であるとみられることも多く、微妙な立場にある科目」とされ、「オンタリオ州では、現在の州保守政権がメディア・リテラシーの逆風になり、カリキュラムが見直され、一九九八年には高校レベルのメディア・リテラシーが取り除かれるとの方針が決まってしまった(33)〔が、抗議の結果カリキュラムに残った：引用者注〕」。このように「メディア・リテラシー」は左派が推進する教育だと捉えられている。

「メディア・リテラシー」の右旋回

従来、情報の読解力をもつ市民の育成は保守政権にとって阻害要因でしかないと考えられてきた。右派ならば攻撃の対象とするはずの「左翼的・革新的」な教育実践である「メディア・リテラシー」を、西村のような右派言論が重視するのはどういうことなのだろうか。西村は次のような問題点が現在の社会にはあると考えていた。

現在の反日メディアは、ハンナ・アーレントの言葉を借りれば、日本を〈客観的な敵〉と規定する全体主義である反日ファシズムのプロパガンダ機関に過ぎないのである。〈反日ファシズム〉とは、マルクス主義崩壊後も、東アジアで冷戦構造を保とうとする全体主義であり、さらに、同質的な価値観、均一した思考で日本という国家の枠組みを破壊する全体主義と定義できる。かくて、日本を愛する人々や日本そのものに日夜報道テロが行われることになるのである。[34]

「全体主義」「ファシズム」「プロパガンダ」「マルクス主義」といった用語の使い方はきわめて恣意的だが、そのことはいったんおいておく。

ここから読み取れるのは、メディアこそが国家を攻撃する「敵」であり、「体制」であると西村が捉えていることである。「体制」とは国家、与党、政府のことを指すのが一般的だが、西村（ら）にとっては、メディアこそ「旧思考サヨク」であり、だからこそ「日本の独立自存のために、日々努力する安倍政権を、明らかな嘘と印象操作で以って追い落とそうとする反日マスコミは、日本国民共通の敵[35]」だという考えに至ることになる。

ここでは明らかに完全な「反転」が起こっている。「全体主義」「ファシズム」「プロパガンダ」「マルクス主義」、そして「メディア・リテラシー」といった用語はすべて左派が体制批判のために用いてきた分析概念だった。これらの用語が、本来の意味やそれまでに使われていた文脈を無視することで「右旋回」させられているのである。
このことこそ、インターネット時代の一つの特徴ではないか。自分たちを攻撃するものとして敵視する「サヨク」の言葉をまさしく自己の武器にしているのである。このねじれた状況はなぜ訪れたのか。

3　新たな敵対性の創出と言説空間の刷新

イデオロギーからの自由と言説の組み替え

西村はこう述べる。

自由な体制ではメディアの体制批判が〈受け手〉の利益を損なう可能性もあり、実際に反体制に肩入れした報道が〈受け手〉に被害を及ぼしてきたという事実を歴史的に〈受け手〉が検証するところまで自由になっていたのだ。体制寄りメディアはもちろん、反体制的な〈リベラルメディア〉まで、リベラルな受け手に批判されるという滑稽でシニカルな様相を見せている。それは、もはや、リベラルか保守か、あるいは右翼か左翼かという二項対立が時代遅れになったことも示している。(36)

この主張は一九九〇年代の自由主義史観研究会の考え方を想起させる。この研究会は、マルクス主義史観（≒左翼）でもなく東京裁判史観（≒GHQ〔連合国軍総司令部〕）でもないイデオロギーから自由な立場という価値観を打ち出していたが、西村の主張は相似形をとっている。しかし、自由主義史観研究会の企ては、結局批判者がまなざすとおりの「右派」の主張と結び付き、むしろ右派イデオロギーばかりが強調される結果になった。同様に、西村が考える自由とは「反日イデオロギーからの自由」である。リベラルを攻撃している時点で西村自身も「中立」ではないのだが、この明らかな偏りに西村は無頓着である。

新自由主義の支持層がそれによって最も打撃を受けることになる社会的弱者である労働者階級だ、というサッチャリズムのもとで出現した矛盾した現象を分析したカルチュラル・スタディーズのスチュアート・ホールは次のように指摘する。

「言説における闘争」はまさに、言説の節合と脱節合の過程からなる。（略）そうした闘争は、特定の時点におけるある重要な用語をめぐる効果的な脱節合にまさに起因している。つまり、「民主主義」「法の支配」「市民権」「国民」「民衆」「人間」などといった重要な語句の従来の意味上の連結を脱節合し、それに新たな意味を挿入し、新しい政治主体の登場を表象するのである。(37)

「反日マスコミは、日本国民共通の敵」と名指す西村が「サヨク」の言葉を用いることは、右派である彼らの立場を考えると一見矛盾する。しかし、この方法で「反日イデオロギー」から自由な新しい政治主体（＝情強であるわれわれ）の構築を試みているのだ。そしてその際、「全体主義」「メディア・リテラシー」などの「従来の意味上の連結を脱節合」する新たな意味付与実践がおこなわれている。おそらく、彼らにとってこのねじれた思考はなんら矛盾なく遂行されている。では、これはどのようにして可能なのか。

敵対性の節合と「空虚なシニフィアン」としての「反日メディア」

ホールが積極的に評価している研究に、エルネスト・ラクラウの政治コミュニケーション研究がある。これは、ラクラウとシャンタル・ムフによる「ラディカル・デモクラシー論」と呼ばれるものである。ラクラウとムフは、社会的意味は常に客観的に決定（実定）されず、そのときどきで一時的に固定されるだけだと分析する。そのうえで、ヘゲモニー（主導権）的関係が出現するのは、敵対性が明確な個別集団の「節合 articulation」の帰結だと説明する。すなわち、共通の敵を作り出すことで、個別の問題関心をもっている諸個人／諸勢力を自陣に集合させる。ラクラウは、その際に個別の政治的出来事の言説から「空虚なシニフィアン」を生み出すことがヘゲモニー闘争の条件になるという(38)。

この考え方を当てはめるならば、ネット右翼が新たな政治主体として「節合実践」に用いたものは「反日メディア」という言葉だといえるだろう。右／左、保守／リベラルではなく、新たに「反日メディア」という言葉で敵を措定することで、その言葉にフックする人々の間の個別な関心は等価となり、共闘するようになる。一九九〇年代後半の「新しい教科書をつくる会」がそうだったように、それは個別の差異をいったん捨象することを可能にする（結局、その後決裂したわけだが）。

市井の「情強」の人々こそ社会構図を俯瞰しながら既存の価値観を相対化することができ、この認識を共有しない人々に対して優位に立つことができるという信念がこの敵対の図式を強固なものにする。その際に、劣位に置くものを「情弱」「サヨク」「マスゴミ」と呼んでおとしめ、敵対性を明確化する。ヘゲモニー闘争のために敵対性が優先されるのであれば（つまり敵対性さえ作り出せれば）、そのために用いる言葉は、「左翼的・革新的」な言葉であっても、意味上の連関を脱節合して新たな意味を挿入することができるという構図がここにはある。

「言説空間」の刷新

こうした構図ができあがる要因として、もう一点着目しなければならないことがある。西村は、「言論空間」の変化について次のような主張を展開している。

GHQ（連合国総司令部）によってつくられ、サヨク勢力が受け継いだ戦後日本の「閉ざされた言語空間」が、今、新しい情報空間によって突き崩されようとしている。(39)

『マンガ嫌韓流』の現象とは、このような言論空間のパラダイムシフトの過程で、必然的に現れた言論空間の革命なのである。／『マンガ嫌韓流』は、全く新しい文脈で反日自虐史観を批判したのではなく、方法論の新しさによって多くの読者を獲得した。なぜなら、これまで多く出版された日韓関係や歴史認識の書籍で、本書の内容は、とっくに言及されていたからだ。活字だから読まれず、マンガだから読まれたという簡単な事情ではなく、この本の〈在り方〉の新しさが多くの読者を獲得し、影響力を持ち始めたということである。今後、この種の出版物が次々現れるのは確実だ(40)。

ラクラウとムフが「ラディカル・デモクラシー論」で重視したのは、言説形成体〈言説編成 discursive formation〉が変化することによって敵対性が発生するという側面である。例えば、服従関係そのものは敵対関係ではない。身分的服従関係に双方の合意があるうちは、その関係は服従や抑圧とは認識されない。しかし、身分の平等や人権といった「各人に固有の権利」を表す概念が言説の編成を変えることによってはじめて、服従関係は抑圧に転換する。つまり、「言説性の場 the field of discursivity」が変化することによって、自らの立ち位置が相対化されることがこの議論の肝要部分である(41)。

西村は、インターネットの登場をきっかけにして言論空間が変容したと考えている。しかし、インターネットという技術それ自体が新しい空間を作っているわけではない。西村は、言論を位置づける図式のほうが変わったと捉えているのである。それは、マスコミ全盛の「旧思考サヨクの言論空間」から、情報をめぐる態度、情報の価値、言説の編成こそが問題となる言論空間への変容である。政治言説における右／左、保守／リベラルという対立軸は西村にとっては「旧思考サヨク」のものである。だからこそ、その旧思考を引き継いだマスコミによる真実の隠蔽・捏造を暴くことを新しい問題として設定する。これに対抗するための物理的な言論空間がインターネットなのだ。

こうして、マスコミ＝サヨク＝旧思考に対して、ネット＝リテラシー（情強）＝新思考（？）を持ち出す西村の状況認識の背景が明確に整理できる。重要なのは「メディア・リテラシー」や「全体主義」という用語を、右／左のような図式で考えること自体が「旧思考サヨクの言論空間」と捉えられていることである。そのため「サヨク」の言葉の意味上の連結を脱節合しながら言説を生産し、ネット陣営を新たな右派の政治主体とすることでヘゲモニーを奪取する諸条件をそろえていくことは、西村では（あるいは左派の言葉を使うネット右翼において）何も矛盾しない。こうした意味付与実践が、ネット右翼という文化を作り出している。

おわりに

ネット右翼は、〈メディアリテラシー〉をもつ「情報強者」による「情報弱者」の価値観の相対化という図式をよく持ち出すが、これは北田暁大が指摘するように、「自らの主張の妥当性の根拠を肯定的に語ること」を必要としない、いわゆる「逆張り」の論法をとることによって「定義上無敵」になる。(42)「反日」といえばなんでも攻撃できる構造が、まさにそれである。その際に左派の言葉を簒奪してもそれでヘゲモニーが取れるならばよしとされ、意味づけをめぐる政治では効果を発揮する。

こうした動きは日本に限ったことではないといえるだろう。文脈は異なるため別途検討が必要だが、オルタナ右翼（alt-right）や新反動主義（neoreactionary movement）が既存の社会規範全般を攻撃対象として、フェミニズムやポリティカル・コレクトネスへのバックラッシュを加速している(43)。そして、この動きをリードしているのが、やはりアメリカのテクノクラートである（ただし、彼らは「超国家」主義である点で日本とまったく異なるといえるだろう）。

アメリカの状況も含め、「ネットと右傾化」をめぐる議論にはまだまだ課題が多い。本章もその一部を分析したにすぎない。なぜこの図式が支持され、さらには明らかに真実ではない情報が蔓延してしまうのかということに関しては、より包括的な検討が必要である。それらは今後の課題としたい。

注

（1）辻大介「計量調査から見る「ネット右翼」のプロファイル――2007年／2014年ウェブ調査の分析結果をもとに」、「年報人間科学」刊行会編「年報人間科学」第三十八号、大阪大学大学院人間科学研究科社会学・人間学・人類学研究室、二〇一七年、一四ページ、同『インターネットにおける「右傾化」現象に関する実証研究 調査結果概要報告書』日本証券奨学財団第三十三回研究調査助成報告書、二〇〇八年、四〇ページ

（２）安田浩一『ネットと愛国――在特会の「闇」を追いかけて』（g2 book）、講談社、二〇一二年、樋口直人『日本型排外主義――在特会・外国人参政権・東アジア地政学』名古屋大学出版会、二〇一四年

（３）Fabian Schäfer, Stefan Evert and Philipp Heinrich, "Japan's 2014 General Election: Political Bots, Right-Wing Internet Activism, and Prime Minister Shinzō Abe's Hidden Nationalist Agenda," *Big Data*, 5(4), 2017、前掲『日本型排外主義』六七、一四八―一四九ページ

（４）前掲『日本型排外主義』一五〇―一五八ページ

（５）Stuart Hall, "Cultural Studies and the Centre: Some Problematics and Problems" in Stuart Hall, Doothy Hobson, Andrew Lowe and Paul Willis eds., *Culture, Media, Language: Working Papers in Cultural Studies, 1972-79*, Routledge, 1980, pp.15-47.

（６）総務省『情報通信白書　平成二十三年版』総務省、二〇一一年、第三部参照

（７）総務省『情報通信白書　平成二十七年版』総務省、二〇一五年、電通「二〇一七年　日本の広告費」（http://www.dentsu.co.jp/news/release/pdf-cms/2018016-0222.pdf）［二〇一九年四月十五日アクセス］

（８）Eli Pariser, *The Filter Bubble: What the Internet Is Hiding from You*, Penguin Press, 2011.（イーライ・パリサー『閉じこもるインターネット――グーグル・パーソナライズ・民主主義』井口耕二訳、早川書房、二〇一二年）

（９）John Perry Barlow, "A Declaration of the Independence of Cyberspace," 1996.

（10）Richard Barbrook and Andy Cameron, "Californian Ideology," *Science as Culture*, 6(1), 1996.（Richard Barbrook and Andy Cameron「カリフォルニアン・イデオロギー」篠儀直子訳、Ｉｎａｘ編「10＋1」第十三号、ＩＮＡＸ出版、一九九八年、一五三―一六六ページ）

(11) 英語でGoogleという単語は「ネット検索する」を意味する動詞として用いられるようになった。その日本語版が「ググる」であり、さらに知識がないことを揶揄して口にするときに「ググれカス」や「おググりくださいませ」という言葉遣いとなる。これは人々が主体的に情報に接触することを求める／られるようになったことを象徴している。本章ではこうした変化を「情報に対する態度」の変容として捉えている。また、通信速度が遅かった時期には、インターネットやパソコンの情報を「WIRED」(同朋舎出版、一九九四年)や「週刊アスキー」(アスキー、一九九七年)などの雑誌から得る文化が存在していたが、ブロードバンド化以降ではそうしたインターネット外部のメディアに頼らず、インターネット外部には知が存在しないかのような語りが一般化する。「ググれカス」の文化現象については、菊池哲彦「【ググれカス】検索への浅い信頼」(遠藤知巳編『フラット・カルチャー——現代日本の社会学』所収、せりか書房、二〇一〇年)も参照。

(12) 川上量生「ネットが作った文化圏」、川上量生監修『ネットが生んだ文化《カルチャー》——誰もが表現者の時代』所収、KADOKAWA、二〇一四年、三四ページ

(13) 前掲『日本型排外主義』一五七—一六一ページ

(14) 倉橋耕平『歴史修正主義とサブカルチャー——90年代保守言説のメディア文化』(青弓社ライブラリー)、青弓社、二〇一八年

(15) 小林よしのり『新・ゴーマニズム宣言』第三巻、小学館、一九九七年、第二十六章

(16) 同書第二十九章

(17) 倉橋耕平「右派論壇の流通構造とメディアの責任」、岩波書店編「世界」二〇一八年十月号、岩波書店、一三〇—一三一ページ

(18) 佐々木俊尚「「ネット右翼」は新保守世論」「産経新聞」二〇〇五年五月八日付

(19) 伊藤昌亮「嫌韓ヘイトスピーチの始原に――包摂と排除の論理をめぐるポリティクスとパラドクス」「インクルーシブ・メディア」(http://inclusive-media.net/note-06/1.html)［二〇一九年四月十五日アクセス］
(20) 前掲『歴史修正主義とサブカルチャー』第2章を参照。
(21) 古谷経衡『ネット右翼の終わり――ヘイトスピーチはなぜ無くならないのか』晶文社、二〇一五年、五七ページ
(22) 正式名は日本文化チャンネル桜。二〇〇四年に水島総らが発起人となって設立し、ＣＳデジタル放送のスカパーで開局した。〇七年に経営難で閉局するも、現在も「YouTube」や「ニコニコ動画」に媒体を移してネット配信をおこなっている。
(23) 前掲『ネット右翼の終わり』六六―六七ページ
(24) 西村幸祐「メディアの解体――ワールドカップと北朝鮮報道の正体を暴く、メディアリテラシーの新しい波」、現代コリア研究所編「現代コリア」二〇〇三年一月号、現代コリア研究所
(25) 同論文六一ページ
(26) 同論文六五ページ
(27) 西村幸祐「ベストセラー『マンガ嫌韓流』を嫌う大マスコミ」、ワック・マガジンズ編「Will」二〇〇五年十二月号、ワック・マガジンズ
(28) 西村幸祐「反日マスコミと韓国」、山野車輪『マンガ嫌韓流』(晋遊舎ムック)所収、晋遊舎、二〇〇五年、一七八ページ
(29) 前掲『マンガ嫌韓流』二三二ページ
(30) 西村幸祐「ブログがマスコミを喰う日――ネット言論は左傾メディアよりもはるかに「Cool」だ」、

PHP研究所編「Voice」二〇〇七年一月号、PHP研究所、一六四ページ

（31）「メディアリテラシー」については、日本会議と憲法改正に向けて右派運動を進める日本青年会議所（JC）が二〇一七年に「メディアリテラシー教育推進事業」を発足させた。どれほど実施されたかはわからないが、小学校向けの教育教材や一般向けのウェブ教材を作成し、教育現場に介入することを企てている。JCのウェブサイトに掲載されている教育委員会宛ての実施依頼文の雛型には、マスメディアの発信する情報をうのみにすることは危険であり、「偏り・操作、場合によっては虚偽」が含まれるとして〈メディアリテラシー〉の教育が必要だと説いている。憲法改正の「出前授業」と同様に右派運動の教育介入がメディア・リテラシー教育にも及んでいる。「政策集 メディアリテラシー教育推進事業」（http://www.jaycee.or.jp/2017/uncategorized/1066）［二〇一九年四月十五日アクセス］

（32）鈴木みどり編『メディア・リテラシーを学ぶ人のために』世界思想社、一九九七年、六ページ、AMLウェブサイト（http://www.aml.ca/keyconceptsofmedialiteracy/）［二〇一九年四月十五日アクセス］

（33）菅谷明子『メディア・リテラシー――世界の現場から』（岩波新書）、岩波書店、二〇〇〇年、一二六ページ

（34）西村幸祐「情報統制と報道テロリズム」、西村幸祐責任編集『反日マスコミの真実2009――メディアの情報支配へ反乱が始まった！』（Oak mook、撃論ムック）所収、オークラ出版、二〇〇九年、五ページ

（35）西村幸祐「巻頭言 現代のレヴァイアタン・反日マスコミ」『反日マスコミの真実2014――特定秘密保護法反対は最後の断末魔』（Oak mook、撃論シリーズ）所収、オークラ出版、二〇一四年、三ペー

ジ

（36）西村幸祐「その先のネット社会は、自壊する「旧メディア」を呑み込むのか」、西村幸祐責任編集『ネットvsマスコミ！大戦争の真実——不祥事続きのマスコミへNO！ネットの逆襲』（Oak mook、撃論ムック）所収、オークラ出版、二〇〇七年、一三六ページ

（37）Stuart Hall, "The Rediscovery of Ideology: Return of the Repressed in Media Studies" in Tony Bennett, James Curran, Michael Gurevitch and Janet Wollacott eds., *Culture, Society and the Media*, Methuen, 1982.（スチュアート・ホール「「イデオロギー」の再発見——メディア研究における抑圧されたものの復活」藤田真文訳、『リーディングス政治コミュニケーション』所収、谷藤悦史／大石裕編訳、一芸社、二〇〇二年、一三〇ページ）。ただし、翻訳については、より適切な訳である山腰修三のものを参照している（山腰修三『コミュニケーションの政治社会学——メディア言説・ヘゲモニー・民主主義』〔MINERVA社会学叢書〕、ミネルヴァ書房、二〇一七年、五七ページ）。

（38）Ernesto Laclau, *Emancipation(s)*, Verso, 1996, p.43とErnesto Laclau, "Deconstruction, Pragmatism, Hegemony" in Chantal Mouffe ed., *Deconstruction and Pragmatism*, Routledge, 1996, pp. 47-68（エルネスト・ラクラウ「脱構築・プラグマティズム・ヘゲモニー」青木隆嘉訳、シャンタル・ムフ編『脱構築とプラグマティズム——来るべき民主主義』〔叢書・ウニベルシタス〕所収、青木隆嘉訳、法政大学出版局、二〇〇二年、九一—一三〇ページ）、前掲『コミュニケーションの政治社会学』一〇三ページを参照。

（39）西村幸祐「「2ちゃんねる」を目の敵にし始めた朝日、岩波の焦燥」「正論」二〇〇四年八月号、産経新聞社、三〇九ページ

（40）前掲「ベストセラー『マンガ嫌韓流』を嫌う大マスコミ」九〇ページ

（41）Ernesto Laclau and Chantal Mouffe, *Hegemony & Socialist Strategy: Towards a Radical Democratic Politics*, Verso, 1985.（エルネスト・ラクラウ／シャンタル・ムフ『民主主義の革命――ヘゲモニーとポスト・マルクス主義』西永亮／千葉眞訳〔ちくま学芸文庫〕、筑摩書房、二〇一二年、二七五、三三九―三四〇ページ）

（42）北田暁大『終わらない「失われた20年」――嗤う日本の「ナショナリズム」・その後』（筑摩選書）、筑摩書房、二〇一八年、二三―二四ページ

（43）木澤佐登志『ダークウェブ・アンダーグラウンド――社会秩序を逸脱するネット暗部の住人たち』イースト・プレス、二〇一九年、一七四―二一〇ページ

第５章　ネット右翼と政治
——二〇一四年総選挙でのコンピューター仕掛けのプロパガンダ

ファビアン・シェーファー／ステファン・エヴァート／フィリップ・ハインリッヒ

はじめに

二〇一四年の夏の盛り、七月三十一日付「東京新聞」とその翌日の「朝日新聞」に掲載された長文の記事が、日本政治に波紋を投げかけた(1)。いずれの記事も、超党派の男女共同参画社会推進議員連盟の会長でもあった野島善司と、のちに都議会の自民党会派を離脱することになる鈴木章浩という二人の自民党地方議員が、実は日本会議のメンバーであると暴露されたことを受けてのものだった。両者は、女性都議である塩村文夏（みんなの党）が一四年六月十八日に都議会で子育て政策について質問した際に女性差別的なやじを飛ばしたことで非難の的になっていたのである。「自分が早く結婚したらいいじゃないか」「産めないのか」といった発言者不明の差別的なヤジを議場から浴びて、塩村はその場で泣くのをこらえて残りの質問をこなすので精いっぱいだった。

二紙による批判に日本会議はなかなか対応しなかった。九月二十九日に日本会議広報部は、記事の「問題点」を列挙し、特に「東京新聞」を以下のように非難する声明をウェブサイトに掲載した。(2)①地方議員の問題発言を日本会議全体と関連づけた。②ヘイトスピーチの団体と日本会議を関連づけた。③「宗教右派」「右翼」というレッテルを貼った。④「戦争をしたい人」というコメントを引用して誹謗した。①②は、本章の観点からすると特に注意して検討する必要がある。「議員の上記言動と当会の活動とは全くの無関係」「当会をヘイトスピーチと関連づける記事は、悪質な印象操作であり不当」「ヘイトスピーチという手法で直接外国人や少数者を対象とする活動を当会は支持しません」と日本会議は主張した。

この主張は、近年世界各国に存在する右翼ポピュリスト集団がよく用いるアクロバティックなレトリックを想起させる。問題の二人は自民党地方議員で日本会議の地方組織の会員だが、彼らの不品行とは言葉のうえでは距離をとりながらも、実質的にはおとがめなしとすることで、日本会議のメンバーはこうした行動を間接的に支持している。公式には単なる「個人的な」発言であり組織全体の公式見解とはまったく異なるとされるが、どういう発言が容認されて何が許されないのか、個々の会員が言説上の限度を試す組織だった戦略ともいえるだろう。日本会議は多くの地方支部をもつ分権的な「草の根運動」だと主張することで、こうした戦略が促進され支持されることになる。

さらに、新聞記事を悪意や作為によるでっち上げ（つまりフェイクニュース）だとして信用を落とそうとするのも、諸外国のポピュリスト団体・政党を彷彿とさせる。このように、右翼団体と政治の関係性が注目を集めるなかで、本章は「縁の下の力持ち」としてのネット右翼に焦点を当てたい。具体的には、二〇一四年総選挙を取り上げて、ネット右翼と政治の関係をみていこう。

安倍晋三首相は、アベノミクスを掲げてこの選挙に臨んだが、そこには隠れたナショナリスト的アジェンダがあった。このアジェンダが重要な役割を果たしたのは、公式キャンペーンの舞台や既成メディアによる可視的な公共圏のなかではない。このアジェンダは、ソーシャルメディアのアルゴリズムが作り出す潜在的公共圏に広がっていて、ネット右翼の戦場だっただけでなく自動発信する社会的・政治的 bot にとっての戦場でもあったことを、本章では示していく。bot とは「自動的に投稿、ツイート、メッセージを残すコンピューター処理のプログラム」[3]であって、人間ではない。自民党は日本会議のような「声高な保守団体」[4]の支持を得る一方で、選挙期間中にナショナリスト的アジェンダを大規模に「Twitter」に投稿し続けた bot というサイバー戦士を操るネット右翼にも助けられていたのである。

1　ネット右翼と「アルゴリズムの潜在的公共圏」の出現

以上のような本章の目的からすれば、ネット右翼の活動はかなり細かくみる必要がある。ただしそれは、ソーシャルメディアという潜在的公共圏に高々と押し立てたむしろ旗のようなものではなく、愛国的なBGMのようなさりげないものとみたほうがいい[5]。本章では、ネット右翼の活動、その自民党や日本会議との重なり、さらにネット右翼が安倍のナショナリスト的なアジェンダをネット上で支持する一大集団になっていることを分析して可視化する。

清水幾太郎の「潜在的公衆[6]」という概念を借りていえば[7]、ネット右翼の暗躍は「潜在的公共圏[8]」の出現といえるだろう。うわさの流通に関する画期的な研究において、うわさとは「潜在的」世論であると指摘した点で清水は先駆的だった。特に危機的状況などにあって民衆が恐怖感を抱いているにもかかわらず情報が十分にないとき、ある問題についてマスコミが情報と議論できる場を提供できず顕在的世論の形成に失敗したときに、うわさは発生する[9]。フォルカー・ゲアハルトが公共圏を公的な討議に基づく「顕在的意識の政治的形態[10]」と呼んだのにならっていえば、潜在的公共圏はデジタル時代の「潜在的意識の政治的形態」と見なすことができる。

ソーシャルメディアのなかで生じるこの現象の潜在性は、北田暁大が「つながりの社会性[11]」と呼ぶ、コンピューターを介した新たなコミュニケーションを基盤としている[12]。北田によれば、つながりの社会性はコミュニケーションそれ自体を目的としてメディアを使うことによって生まれる点が重要だという[13]。すなわち、何らかのメッセージを伝えるためというよりは、コミュニケーションそれ自体を目的としたコミュニケーションが生じているのである。これはいわば、内容があってないような、最もむき出しのコミュニケーション形式である。このようなつながりを目的とした新手のコミュニケーションは、何らかの内容に関して対話するのではなく、つながっていることで関係を保つ機能を果たす。この種のつながりの社会性は、「2ちゃんねる」に書き込むネット右翼に顕著にみられる。二〇〇〇年前後には、コミュニケーションのためのコミュニケーションというネット右翼のスタイルが、マスコミ、政治、進歩的な教師に対するシニカルな態度へと転じていった。北田によると、ネットでのまじめな議論を封殺するからこそ、この種のシニシズムは対話的でなく破壊的である。(14) ネット右翼の間では、この手のコミュニケーションに不慣れでまじめに議論したい人が示す他人の意見を本気で受け止める態度はかっこ悪いと思われている。政治的 bot は、ネット右翼のこうしたシニカルなネット戦略で重要な役割を果たしたのである。

今日、ソーシャルメディアはコミュニケーションを目的とするスタイルを完全に取り込んでいて、北田がいうつながりの社会性を体現するようなＳＮＳの構造を生み出した。「Twitter」や「Facebook」のようなSNSは、シニカルで自己目的化したコミュニケーションのスタイルを拡大する。「いいね」ボタン、@マーク、ハッシュタグ、リツイート、リンク――こうした特定の機能を使えば、コミュニケーション（もしくはつながる）効果を果たすような技術的操作ができるから、ソーシャルメディアでは言葉を使う必要さえない。つまり、これらの操作をすれば習慣的で反射的な高頻度のつながりをもたらす行為がおのずから実行されるのだ。これについては、つながりのポテンシャルという観点から、「メンション」と「リツイート」ないし「リンク」といった会話実践の違いが議論されている。(15) こういったつながりが頻繁に繰り返されると、肯定・否定の（意見ではなく）態度を単に「伝える」ことが内容や議論のあり方を徐々に支配し、「アドホックな公衆」(16) が潜在的に生み出されていくことになる。

W・ランス・ベネットとアレクサンドラ・セゲルベルクは、新たな形態の抗議運動のなかでつながりの社会性が果たす役割を描くために社会運動論の立場から「つながる行為」という造語を提示した[17]（これは、社会運動論の古典的な「集合行為」とは区別されることを意味する）。ソーシャルメディアは北田がいう自己目的化したコミュニケーションの優等生のようなものだ――このコミュニケーション空間は、合理的言説に基づくハーバマス的公共圏とはかなり異なり、機能的つながりによって生み出されている。[18] さらに、つながりに基づく潜在的公共圏では「コンピューター仕掛けの公衆[19]」の比重が高まっていることの重要性も付言しておこう。これは、閉鎖的な「プラットフォーム[20]」としてのソーシャルメディアの「構造[21]」に組み込まれたアルゴリズムが生み出したものである。そのため、この手の非言語的コミュニケーションでアルゴリズムの重要性が増していることに鑑みれば、「アルゴリズム的なつながりの社会性」についても語ることができると思われる。これによって、SNSに現れる「人間」（ユーザー）と「人間でない行為者[22]」（アルゴリズム、bot）の間にみられるネットワーク化した社会性について、理解することができる。

では、ネット右翼の活動をどうみればいいのか。自己目的化したつながりのコミュニケーションの形式とネット上にしか存在しないことを考えると、ソーシャルメディア上のつながりの社会性がもたらした、右派がつながるための行為といえるのではないか。ネット右翼の断片的な投稿は、目に見える集合行為に至るようなわかりやすい物語へと発展することはない。日本を韓国よりも上だと主張するナショナリスト的な語彙や感情ばかりが先走るネット右翼の投稿は、断片的で脈絡がなく、イメージや発言は下らないものでしかない。[23] にもかかわらずそれがなぜネット上の危険な運動になるのかを理解するには、つながりという視角が不可欠である。ネット右翼がおこなうシニカルなつながりの行動は、キャス・サンスティーンがいうところの「集団分極化」、すなわち似たような見方をする人々の集団が自分たちの見解を過激化させていく過程を引き起こした。[24]ネット右翼は、自らのナショナリスト的「エコーチャンバー」[25]を作り出しただけではない。以下で検討するように、安倍のナショナリスト的アジェンダ、あるいは日本会議が提供する機会構造に基づいてネット右翼は外部世界とつながろうとしたために、両者は共生しているが表に出ない関係をもつに至ったのである。

2　二〇一四年総選挙――ソーシャルメディアと安倍の隠れたナショナリスト的アジェンダ

二〇一三年の日本の「Twitter」ユーザー数は世界十一位だったが、実際にツイートしている人の数だけみれば二位であり、「Twitter」で使われる言語のなかで日本語は二番目に多かった。[26]にもかかわらず、日本では一四年まで選挙戦でソーシャルメディアが主要な役割を果たすことはなかった。政治家が「Twitter」を活用しなかったのは、一三年の公職選挙法改正までは告示後の選挙期間中にネットで選挙キャンペーンをすることが禁止されていたことによる。法改正以降、政党や候補者は選挙戦でネットを使えるようになり、一四年総選挙は安倍首相が衆議院を突如解散して実施されたため、短期決戦の選挙になった。これは選挙戦とソーシャルメディアを分析する格好の事例と考えられるので、私たちは調査対象として取り上げることにしたのである。

自民党のネット戦略は、野党だった二〇〇九年に始まっている。[27] 自民党のネットキャンペーン戦略はＮＴＴ広報部出身で経済産業相である世耕弘成の設計によるもので、二つの柱があった。「Facebook」や「ニコニコ動画」のログインページに広告を出す一方で、〇九年にはボランティアとして立ち上げたグループを、一二年にネットサポータークラブとして正式に発足させている[28]（一万五千人の会員は、ネット右翼の親安倍派と重なっていると思われる）。興味深いことに、このネットサポータークラブを公式に立ち上げたのと、安倍が「Facebook」を使い始めた時期は重なっている。安倍は「Facebook」をネット上の後援会として活用し、あいさつやメディア批判のメッセージをよく投稿している。

二〇一四年総選挙が特別なのは別の理由もある。近年で最もつまらなくて重要性が低い選挙の一つといわれている一方で、この選挙は安倍の洗練された政治キャンペーン戦略の理想型を示す事例とも考えられるからだ。安倍は、きわめてナショナリスト的な政治的意図をもっているが、その前の選挙ではナショナリスト的な争点を取り上げないようにしていた。

二〇一四年には、改憲、安全保障上の脅威と集団的自衛権、エネルギー政策、ＴＰＰ（環太平洋連携協定）、地方創生、愛国心教育といった自らの政治目標を前面に出して選挙運動するのではなく、一二年と同様にほぼ経済しか取り上げなかった。右翼的・ナショナリスト的アジェンダをはっきりと掲げた次世代の党が十九議席中十七議席を失ったことは、安倍自民党の選挙戦略の正しさを示しているといえる。自民党は、ナショナリズムとイデオロギーは有権者の大多数の支持を損なうとわかっていた。[29]安倍自民党は、経済ポピュリズム路線をとり、ナショナリスト的アジェンダを有権者の目から隠して、選挙中は公にはほぼ経済改革だけを集中的に訴えていた。

にもかかわらず、安倍自民党がよりイデオロギー色を強めたことをジェフ・キングストンは「安倍の謎[30]」と呼ぶ。すなわち、安倍首相はナショナリズムではなくアベノミクスを掲げて闘った一方で、安全保障や憲法といった不人気な政策を含む幅広い負託を求める。安倍の支持基盤を動員するうえでナショナリズムは重要だったが、表に出す必要はなかった。ナショナリストにとって重要な争点に対して安倍がとる立場を示して右派団体を安心させ、票を確保したのである。

本章がおこなう「Twitter」の分析では、キングストンの仮説が支持できる。すなわち、選挙公約やマスコミといった目に見える公共圏では政治は表出していないが、まさしくソーシャルメディアの潜在的公共圏では政治が展開していたのだ。つまり、安倍の隠れたナショナリスト的アジェンダを支持したのは、日本会議や自民党ネットサポータークラブだけではない。反安倍の立場をとる者もいたかもしれないが、結果的にネット右翼はナショナリスト的アジェンダをネット上で支える強大な先兵となったのである。

3　サンプリングと方法——二〇一四年総選挙でのソーシャルbotの検出

ソーシャル bot は、主な目的が政治である場合は「政治的 bot」とも呼ばれ、「世論を操作し、討論で叱責し、政治的争点をあいまいにする」ために用いられる。過去には、ドナルド・トランプの選挙戦やイギリスのEU（欧州連合）離脱をめぐる国民投票のような、「世論が割れるようなセンシティブな政治的局面」[31]でbotが活用されることが多かった。しかし、「Twitter」上でのソーシャルbotの活動や政治的公共圏に対する潜在的効果が公的な論争や学術研究の対象となったのは、つい最近になってからである。直近のアメリカ選挙、ウクライナ紛争、イギリス離脱の国民投票といった事象に対して、botは選挙結果やフレーミングに効果があるのかが関心を集めるようになった[32]。したがって、ソーシャルbotは民主主義にとってリアルな脅威だと考えても間違いではない。

例えば、イギリスのEU離脱の国民投票の前にbotが果たした役割に関する研究では、「Twitter」での関連する投稿の三分の一はSNS全体の一％のアカウントが発したもので、その大多数は自動的か半自動的なbotによるものだったことがわかっている[33]。マイダン騒乱の最中に活動していたウクライナ語のソーシャルbotの分析では、メッセージを繰り返しリツイートして特定のトピックを宣伝するだけでなく、模倣のようなツイートをするという行動もみられたとしている[34]。すなわちbotは、一般ユーザーのふりをする。ツイートの内容を絶えず変えることで、ツイートのコピーを探知するアルゴリズムに見つからないようにするべく、ニュース、性差別的冗談、人気映画のダウンロードリンクといった非政治的情報も同時に投稿するのである。

二〇一四年総選挙に戻ると、私たちは、コンピューター仕掛けのプロパガンダを利用しようとしている動きを多数検出した。投票日の前後二週間のツイートを収集することで、botの活動を明らかにできた。政治家や政党による選挙戦でのソーシャルメディアの使用についてはすでに多くの研究[35]があるが、日本での bot の役割については十分な研究がなされていない。

この研究のために、二〇一四年十二月八日から三十日に投稿されたツイートから選挙に関わるキーワード[36]でヒットしたものを五十四万二千五百八十四件収集した。bot の検出に際しては、ツイートした言葉を計量的に分析するコーパス言語学のアプローチを採用した。索引を作って予備的に検討した結果、コピーに近いツイートが多数あることがわかり、なかでも特定の政治的議題を取り上げようとするものが多かった。これは、ソーシャル bot によるコンピューター仕掛けのプロパガンダで、同じツイートのコピーを（リンク先を変えるといった多少の修正をして）多数投稿するかリツイートすることで、特定のトピックが出る頻度や重要性を上げようとしたことを示す。続いて、データ分析の結果、四十三万五十ツイート（七九・四％）がコピーしたものだとわかった。私たちは自己目的化したつながりを特徴とする潜在的公共圏での政治的プロパガンダに関心があるために、コピーに近いものからソーシャル bot を検出するのはその目的にかなっているといえる。あるツイートを（文章を少しだけ変えて）コピーやリツイートするのは特定のトピックを際立たせる効果的な戦略であり、先行研究でも繰り返し観察されてきた[37]。したがって、多くのソーシャル bot はこうした行動をとると考えていいだろう。この調査のアルゴリズムの精度に関しては、実在のユーザーのものであっても、表層実現が非常に類似したコピーに近いツイートなら検索できる。

リツイートは、私たちのデータで五六・七％に達していて定義上すべてコピーだが、それを除いたとしても残り二十三万四千九百十四件中十四万八百六十九件（五九・九％）がコピーされたツイートである。こうしたコピーがソーシャル bot の活動を反映しているかどうかを測定するため、三

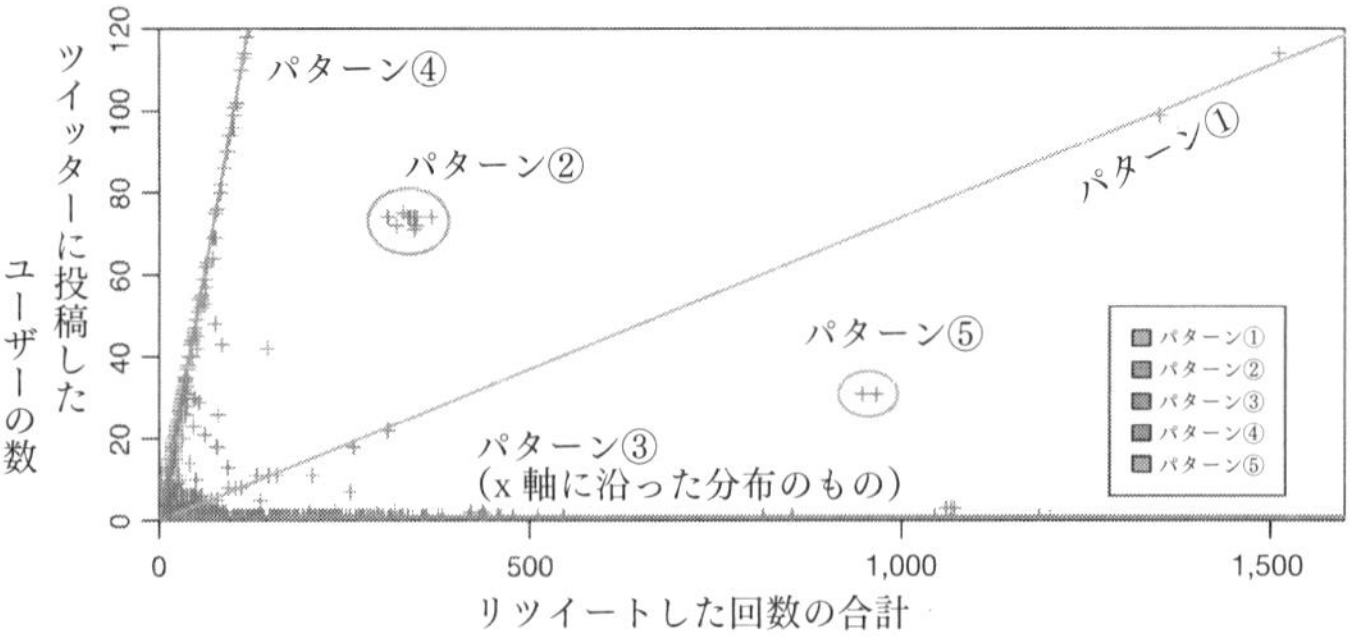

図1　（リツイート以外の）コピー回数とツイートしたユーザーアカウントの数の関係

千七百二十二の元ツイートがコピーされるパターンを分析したところ、アルゴリズムから五回以上のコピーが検出された。図1は、（リツイートを除く）コピーと実際のユーザーの数の相関を示す。

　分析の結果、コピーの仕方には図1に示される五つのパターンがあることがわかった。[38] ①ユーザーアカウント一つにつきほぼ十三・五回のツイート、②相当類似した十一のツイートからなるクラスター、③単一アカウントの同じツイートを何度もコピー、④多くのアカウントから一回だけコピー、⑤統計的に類似した二つのツイートからなるクラスターの五つである。このうち四つが、コンピューターで操作したプロパガンダの二つのキャンペーン（AとB）と関連していた。この点について以下で論じていく。

キャンペーンＡ（パターン①②⑤）の分析――コンピューターで操作した親安倍のプロパガンダ

パターン①を分析するために、回帰直線の近くに分布するツイートのうち合計百回以上コピーしているものに限定して内容分析をおこなう。これに該当するツイートは安倍支持のもので、反自民で反ＴＰＰ、反移民の立場をとるポン吉というブログを攻撃するものが多い。アカウントの名前が立場を示している（@ABE_CRUSADER、@JNSC_ABEMAMOROU、@GOSPEL_ABERULER など、安倍という名前を含むものが多い）。二番目のものは、自民党のネットサポーターズクラブと同じ略称を含んでいる。このパターンで特徴的な例を二つ挙げると以下のようになる。

パターン①の例(1)

(1) ABE_CRUSADER Mon Dec 08 10:18:25 +0000 2014

このクソブログ書いてる『ポン吉』ってヤツ最低！→ http://t.co/AI1zBF3vIB 安倍総理を叩くなや！ＴＰＰ・移民受け入れ・道州制に反対する倭猿は一匹残らず死ね!! もう一回地震起きて津波で流されろ!!

パターン①の例(2)

(2) JNSC_ABEMAMOROU Mon Dec 08 10:19:24 +0000 2014

我々は、南朝鮮人になりすましながら安倍晋三総理大臣を誹謗中傷し、ＴＰＰ・移民受け入れ・道州制に反対する倭猿を陥れる活動をしています。安倍晋三総理大臣の政策を正当化するためにも良識のある方は是非、ご協力ください。『ポン吉』のような卑劣な倭猿を陥れましょう！

例⑵からわかるように、bot がおこなっているキャンペーンでは差別語である「南朝鮮」という言葉がツイート中の最頻出語の一つとなっている。この言葉は、非常に類似した内容からなる一万二千三百八十九回のツイートで使われていて、そのうちリツイートは〇・三％（三十六ツイート）とごくわずかしかなかった。これらのツイートのうち、九七・〇％というきわめて高い比率がコピーであり、二百七十一のユーザーアカウントを通じて広まっていた。

パターン②と⑤は、@END_OF_JAP、@HorobeWazaru、@Wazaru_Messatsuas、@HorobiroWazaru、@KiesareWazaru、@WazaruBokumetsu といったアカウント名だけをみるとネット右翼とは逆の立場だと勘違いしてしまいそうになるが、前述のポン吉を攻撃するために bot が使われている。それぞれのパターンで特徴的な例を二つ挙げておくと、コピーしたわけでもないのに双方ともパターン①のツイートと酷似していることがわかる。

パターン②の例

⑴ KiesareWazaru Mon Dec 08 19:17:49 +0000 2014
http://t.co/SGZrc0BdTS ←このブログを書いている『ポン吉』という和猿は、TPP・移民受け入れ・道州制に反対している最低最悪の工作員だ。こいつは生きていてはいけない。最低最悪の和猿

『ポン吉』を自殺に追い込もう。

パターン⑤の例

⑵ Kimoizo_JAP Mon Dec 08 10:20:24 +0000 2014

我々は、南朝鮮人になりすましながらアメリカ・自民党・安倍総理を叩き、ＴＰＰに反対する和猿を陥れる活動をしています。ＴＰＰ反対派の和猿共を陥れたい方は【てきとう】の活動にご協力ください。

パターン③——コンピューターで操作した極右的プロパガンダ

ハッシュタグを分析すると、bot の活動に関してもう一つ新たなヒントを得ることができる。「#自民党#セクハラ#解散」と「#自民党#議員#野次」という二つの組み合わせが特に顕著で、常にこの配列で現れる。この二つは約二万ツイートに現れていて、すべてが @Stupid00002と @excreta_ZAiFX（両方とも現在は閉鎖）という二つのアカウントから発信されていた。セクハラとやじを並べることから明らかなのだが、それだけでなく @Stupid00002は前述の塩村文夏の偽アカウントだったことからもわかるように、都議会で起こった事件に関わる bot からツイートされている。これらのうちの九九・四％はもとになった五十七のツイートを少し変えただけのコピーで、上位四つは四百六十回以上送られていて、その多くはうわさか事実無根の中傷を含んでいた。もとになった五十七のうち十八のツイートは政治家やマスコミが秘密にしているという放射能汚染について書いていて、十九のツイートは政治エリートを攻撃するもので特定の政党や幹部を「ぶっ潰す」と喧伝している。十のツイートは露悪的なナショナリズムのメッセージを含んでいて、在特会初代会長の桜井誠を取り上げたり、在特会（在日特権を許さない市民の会）のデモ動画へのリンクを張ったりしている。bot の目的が既存のハッシュタグに便乗する動きを作ることにあるのは明らかで、日本会議に所属する二人の都議が起こしたセクハラ問題と右派関係のプロパガンダを結び付けようとしている。

パターン④――bot のようなユーザーの行動

パターン④のツイートからサンプルをとってみると、bot の活動ではなく新聞、雑誌、プロバイダーの電子版にある「Twitter」のシェアボタンを示していることがわかる。特に、オンラインジャーナルである「ポリタス」の記事のリンクがコピーされているものが多い(39)。それぞれのツイートは実在のユーザーが意図的に送ったものだが、内容はシェアをクリックすることで自動的に作られる。つまり、目立ったコピーのパターンは bot だけによるものではない。北田が「つながりの社会性」と呼ぶところの、頻度が劇的に高まってユーザーが相互に交わすような、高度に習慣化した直感的な行動でもあることを、この例は示す。ステファン・スティグリッツらは、フォロワー数、一日当たりのリツイート数やリンク数によって、bot と人間のユーザーを区別できると結論づけている(40)。

しかし、（投稿、リンク、シェアといった）使途は厳密な構造のもとで分かれているため、普通のユーザーはソーシャルメディア上で非常に狭い活動しかしていない。これはソーシャル bot がおこなう定められた行動と大きな違いはなく、少ない選択肢のなかで利用しているといえる。換言すれば、プラットフォームのインフラが狭くできているため、人間のユーザーの行動がこれに適応し予測可能になったからこそ、bot が容易にそれをまねることができるということでもある。bot が効率的なのは、アルゴリズムが技術的に改善されたことだけによるものではなく、「Twitter」ユーザーの行動が変化したことにもよる。ソーシャルメディアが作り出した高頻度のつながりをもとにした、技術主導のアルゴリズム的社会性に深くからめとられているというわけだ。ヴァン・ダイクは、ソーシャルメディアの「ソーシャル」は「(人と) つながっていること」だけではなくアルゴリズムで「(自動的に) つながること」[41]も指すという。ソーシャルメディアは「コンピューターの出力により作られる人間の入力の結果であり、逆もまた同じ」だったし、いまもそうである。すなわち、「別個に論じるのは難しい要素からなる社会技術の総体」なのである。したがって、「人間でない行為者」(全自動ないし半自動の bot) の行動がより洗練され、「人間の行為者」の行動がより bot に近くなるとしたら、ユーザーと bot の行動は徐々に収斂して区別がつかなくなるだろう。そうなってしまえば、ソーシャル bot を検出するにはコピーに近いものを検索しても不完全だともいえるが、ソーシャル bot を検出する困難は単に技術的なものではないともいえる。というのは、普通のソーシャルメディアユーザーの行動は、複雑な検索を必要とするようにみえるからだ。[42]

4　botによる隠れた右派キャンペーン

コーパス言語学をもとにした「Twitter」分析によって、ツイートをコピーするパターンを統計解析することで自動的に析出される政治botで、どのようなパターンが支配的なのかが明らかになった。日本でも、簡単に使えて安価な技術が、ソーシャルメディアの潜在的公共圏にとって重要な要素となっていて、政治の領域の機能に対する潜在的な脅威となっている。にもかかわらず、単に統計的な知識だけではbotを誰が利用しているのか探し出すのは難しい。偽アカウントの名前、ツイートのトピック、ネット右翼がよく使う用語や人種差別的言葉遣いから判断すると、botを使ってこうしたツイートを送っているのはネット右翼である可能性が高い。実際、第3節で論じたようにコンピューター仕掛けのプロパガンダは①ネット右翼のなかの自民支持派と極右という二つの競合する陣営の仕業だった。

コンピューターで操作されたキャンペーンの目標が何かを見定め、その効果を測定するのは難しい。これについて本章では、botの活動が潜在的公共圏と公共圏の両方に影響を及ぼしうる二つの方法について論じてきた。①botで特定のトピック、主張、スローガンを押し出して、「Twitter」のハッシュタグで流行を作る。ジャーナリストを含むユーザーに知ってもらうか、量的な解析に狙いを定めてジャーナリストや調査会社に間接的な影響を及ぼすことで、それが可能になる。この場合、botはアジェンダ設定や政治的事件・トピックのフレーミングの道具として使われることになる。[43] ②botを使えば、伝えたいメッセージを一緒に送ることで、すでに人気があるハッシュタグやトピックに便乗することができる。これは、まったく関係ない言葉をハッシュタグに加えたり、異なる複数のハッシュタグに言及したりすることで、きわめて恣意的におこなわれる。それによって、「特定の争点や問題に関してイデオロギー的に親和的だが構造的に結びついていなかった」特定の「フレーム」を「架橋」[44]し、似たような意見や不満をもつ運動を「世論選好のクラスター」に関連づけることができる。

二〇一四年総選挙についていえば、「売国」と「民主党」という語が、「反日」「左翼」「マスコミ」といった語を架橋して使われる傾向があった。自己目的化したつながりの社会性の観点からすれば、こうしたソーシャルメディアの戦略はつながりのフレーム架橋とみることができる。botは既存のハッシュタグに便乗してナショナリスト的フレームと架橋することで、ナショナリストの立場を宣伝し増幅するために特によく使われていた。この戦略は、安倍自民党とネット右翼のイデオロギー的な近さや共生関係を示すものでもある。

ネット右翼の立場からすると、二〇〇〇年代初頭に「言説の機会構造[45]」が開かれたことで、ナショナリスト的議題を押し出せるようになった。政治エリートとの制度的なつながりがないのだから、ネット右翼や在特会を政治やイデオロギーと結び付けるのは無意味だとほかの論者がいう[46]なかで、樋口直人は以下のように主張している。「制度的でハードな政治的機会構造は閉鎖的なままだった」ため、ネット右翼がネット上でのナショナリスト的言説を政治につなげることができたのは、言説の水準でのことだった[47]、と。

日本の場合、言説の機会がネット右翼に開かれることで、「慰安婦」などの未解決の東アジアの歴史問題や中国や韓国との領土問題などに関わる要求が政治のなかで正統性をもつようになった[48]。ネット右翼の潜在的な言説と公的な政治的言説では言葉遣いが異なる。だが、ネット右翼は非合理的な嫌韓・憎中のアジェンダ[49]と安倍の外交政策上の願望をつなげることで、「排外主義運動の言説と日本政府やメディアが語ってきたこととの親和性[50]」を作り出した。ネット右翼は制度政治との接点を確立できなかったが、歴史問題や東アジアをめぐる言説の変化と自らの人種差別的な言説を関連づけることには成功した[51]。

しかし、極右と自民支持者のbot活動からわかるように、ネット右翼とは基盤となる外国人排斥という意図を超えて特定の立場に入れ込むような同質的な集団を表すわけではない。阪元留美によれば、ネット右翼は安倍政治の支持者と敵とに分かれるだけではない。ネット外の右翼活動に誘っても、「右翼は在日朝鮮人だ。右翼と朝鮮人は日本から出ていくべきだ」などとシニカルさを発揮して誘いに乗らないという[52]。コンピューター仕掛けの自民支持のプロパガンダのツイートでも、誰かを非難するときに「この人は在日だ」というレトリックがみられた。ネット右翼はイデオロギー的に分断されているというのは、確かにそうかもしれない。しかし、安倍の公約を明示的に支持したキャンペーンだけでなく、コンピューター仕掛けの右派のプロパガンダも、二〇一四年総選挙では安倍の隠されたナショナリスト的議題を支持していたともいえる。反日というレッテルは、フレーム架橋するための「空虚なシニフィアン」として機能することで、ネット右翼のナショナリスト的言説と安倍の政治的見解をつないだのである。

安倍政権とソーシャルメディア

安倍は、二〇一四年総選挙でまんまと成功を収めたが、インターネット、とりわけソーシャルメディアの力を明らかに意識していた。安倍がソーシャルメディアの若い保守的なユーザーや潜在的な自民党支持者だけでなく、ネット右翼に対してもどの程度アピールできたかは、選挙戦最後の演説で選んだ場所をみれば一目瞭然である。安倍と麻生太郎財務相は、最後の街頭演説を秋葉原のガンダムカフェ前でおこなった。公式には、東京一区から出馬した山田美樹を応援するための街頭演説だった。しかし、この地を選んだのは単に山田を応援するためだけでなく、インターネットに長けたオタク（一部はネット右翼としても活動している）[53]の聖地で最後の演説をする自分たちの姿を撮らせたいという目的もあったといえるだろう。

このときのよく作り込まれた動画はソーシャルメディアを通じてすぐ広まったため、安倍の戦略は成功だったといっていいだろう。実際、ネット右翼の少なくとも一部は、この動画や安倍の演説のナショナリスト的な虚像に肯定的に反応した。選挙戦中に安倍が「Facebook」に書き込んだコメントを研究した村井秀輔と鈴木健は、最終日の動画に書き込まれたコメントに注目している。[54]それは以下のように、安倍と安倍支持派ネット右翼の言説上のつながりを体現するものだった。「マスコミはあなたに対するネガティブキャンペーンを強めるでしょう。でも、「日本人市民」は安倍さんの側にいます。絶対負けません！中韓の反日活動、マスコミの裏切り、民主党の悲惨な政治、どれをとっても市民が奮起して立ち上がらねばなりません」。このコメントから、ネット右翼の一部は安倍を「反日勢力」（特にマスコミ）と共闘する味方と考えていることがわかる。それを安倍が是認しているのは、自らの「Facebook」に書き込まれたこうしたナショナリスト的コメントを削除していないことが示している。

さらに安倍は、自民党国会議員六十人が二〇〇九年に立ち上げた「公共放送のあり方について考える議員の会」のメンバーであるだけでなく、「チャンネル桜」にも出演している。『これからの日本とマスメディアの問題』という番組で、安倍はチャンネル桜の社長で司会を務める水島聡とマスコミの問題を語り、特にNHKの歴史ドキュメンタリーには政治的に偏向したものがあると非難した(55)。一二年に安倍はこのチャンネル桜のインタビューで核心部分を再び述べた。マスコミよりも動画サイトやソーシャルメディアを通じて呼びかけるほうが、恣意的な編集がないから公平で双方向的に議論できる(56)、と。本章の分析では、安倍自民党のソーシャルメディア戦略は、少なくとも物量面では成功した。売国や売国奴という最も頻出する言葉は、自民党にではなく共産党、民主党、公明党、社民党といった政党に使われることが多い。

安倍は、ほかの国でも発生している右派ポピュリズムと非常に似た政治戦略、すなわち世界中のポピュリスト政治家の間で人気がある、反エリート主義と反多元主義の組み合わせによって成功したといえる。「私が、そして私だけが民衆を代表できると主張」する右派ポピュリズムに典型的にみられるやり方である(57)。ポピュリスト政治家や右派ナショナリストは、政敵やジャーナリストを「民衆の敵」あるいは「反日」「恥ずかしい大人」と呼ぶことで、民衆を代表する道徳的正統性があるのは自分だけだと主張する。こうした態度は、安倍の政治的見解にも当てはまる。言わずもがなのことだが、「民衆」ないし「日本人」が有機的統一体だというのは「メタ政治的幻想」以外のなにものでもない。そういう意味での民衆をしっかりと捉え、代表した者などいないからだ[58]。実際、二〇一二年総選挙での安倍のスローガンである「日本を、取り戻す」（誰から？／誰のため？）は、これ以上ないというほど見事に現在のポピュリズムを体現している。あるネット右翼は、自らの目標は「日本を取り戻す」ことだといったが[59]、このことが示すように、この反エリート主義で反多元主義のスローガンは、ネット右翼や在特会に流用されるようになった。

言葉遣いは異なるものの、安倍自民党、日本会議、ネット右翼は反エリート・反多元主義的な姿勢を共有している。彼らが標的とするのは彼らがいうところの偏向マスコミだけではない。「自虐的」歴史教育を進めた元凶たる日教組（日本教職員組合）、教科書の内容を決めてきた歴史学者たちも目の敵にされる[60]。さらに分析を進めれば、ネット右翼と自民党のサポーターズクラブのような系列組織には重なる部分があることがわかるだろう。安倍や自民党が自らbotを維持するとは考えにくいからである。安倍は二〇一三年五月七日の国会答弁で、在特会の人種差別的デモについて「極めて残念」と述べた。それでも、ネット右翼によるコンピューター仕掛けのプロパガンダは直接・間接に安倍の隠れたナショナリストの側面を支持している。安倍はこうした活動から利益を得ている。テッサ・モーリス＝スズキの言葉を借りれば、「インターネット時代に政治家からメディアへの直接の介入はもはや必要ない」。というのも、「「Facebook」〔と「Twitter」：引用者注〕の友達〔とbot：引用者注〕にやってもらえばいいのだから[61]」。

多くの日本人は安倍が選挙と選挙の合間に推し進めている新保守・ナショナリスト的な政策には反対なのに、安倍はなぜ、どのようにして人気を保ち続けて選挙でも勝っているのだろうか。これはキングストンが提示した「安倍の謎」だが、本章でみてきたような安倍とネット右翼の共生関係はその一つの答えになる。安倍は、綱渡り的なポピュリストの戦略を採用し、言葉遣いは異なるが共通するテーマを取り上げることで、日本会議やネット右翼に、そして自民党保守派にもアピールした。それによって、彼は選挙戦で、表立った公共圏では「いい安倍」を装った。一方で、アルゴリズムによってソーシャルメディア上に出現した潜在的公共圏のなかでは、「Facebook」を駆使して、「悪い安倍」が隠しもつナショナリスト的アジェンダを支持させることに成功したのである。

注

（1）本章は、以下の論文を日本の読者向けに加筆・修正したものである（Fabian Schäfer, Stefan Evert and Philipp Heinrich, "Japan's 2014 General Election: Political Bots, Right-Wing Internet Activism, and Prime Minister Shinzō Abe's Hidden Nationalist Agenda," *Big Data*, 5〔4〕, 2017）。方法論的な部分の説明を簡略化したため、詳しくは英語論文を参照のこと。

（2）日本会議「「東京新聞」7月31日付こちら特報部記事への見解」（https://www.nipponkaigi.org/opinion/archives/6977）［二〇一四年九月二十九日アクセス］

（3）Philip N. Howard and Bence Kollanyi, "Bots, #Strongerin, and #Brexit: Computational Propaganda during the UK-EU Referendum," Working Paper, Project on Computational Propaganda, 2016.

(4) Naoto Higuchi, *Japan's Ultra Right*, Teresa Castelvetere Trans., Trans Pacific Press, 2016.

(5) Jeff Kingston, "Nationalism and the 2014 Snap Election: The Abe Conundrum," in Robert J. Pekkanen, Ethan Scheiner and Steven R. Reed eds., *Japan Decides 2014: The Japanese General Election*, Palgrave Macmillan, 2016.

(6) 清水幾太郎「流言蜚語」『流言蜚語・青年の世界・人間の世界』(「清水幾太郎著作集」第二巻)、講談社、一九九二年

(7) Tamotsu Shibutani, *Improvised News: A Sociological Study of Rumor*, Bobbs-Merrill, 1966、大石裕『政治コミュニケーション――理論と分析』勁草書房、一九九八年

(8) Fabian Schäfer, "Public Opinion and the Press: Transnational Contexts of Early Media and Communication Studies in Prewar Japan, 1918-1937," *Social Science Japan Journal*, 14(1), 2011, Fabian Schäfer, "Contentious Politics and the Emergence of a Connected and Transnational 'Public Sphere': 'Connective Sociality' and 'Latent Public Opinion' in Post-Democratic and Post-3/11 Japan" in University of Tokyo ed., *Universal Values in a Post-Secular Era*, Sōbunsha, 2016, Fabian Schäfer, *Medium als Vermittlung: Medien und Medientheorie in Japan*, Springer, 2017.

(9) 前掲「流言蜚語」

(10) Volker Gerhardt, *Öffentlichkeit: Die politische Form des Bewusstseins*, C.H.Beck, 2012.

(11) Akihiro Kitada and Fabian Schäfer, "Media/Communication Studies and Cultural Studies in Japan (1920s-1990s): From 'Public Opinion' to the 'Public Sphere'," in Stefanie Averbeck-Lietz ed., *Communication Studies in Comparison*, Springer, 2017、北田暁大『嗤う日本の「ナショナリズム」』

（NHKブックス）、日本放送出版協会、二〇〇五年

（12）Schäfer op.cit., 2016, Schäfer, *op.cit.*, 2017、東浩紀『一般意志2・0——ルソー、フロイト、グーグル』講談社、二〇一一年、濱野智史『アーキテクチャの生態系——情報環境はいかに設計されてきたか』NTT出版、二〇〇八年、Jose Van Dijck, *The Culture of Connectivity: A Critical History of Social Media*, Oxford University Press, 2013.

（13）前掲『嗤う日本の「ナショナリズム」』

（14）同書

（15）Bethany A. Conway, Kate Kenski and Di Wang, “The Rise of Twitter in the Political Campaign: Searching for Intermedia Agenda-Setting Effects in the Presidential Primary,” *Journal of Computer-Mediated Communication*, 20(4), 2015, Anne Helmond, “The Algorithmization of the Hyperlink,” *Computational Culture*, 3(3), 2013.

（16）Axel Bruns and Jean Burgess, “Researching News Discussion on Twitter: New Methodologies,” *Journalism Studies*, 13(5-6), 2012.

（17）W. Lance Bennett and Alexandra Segerberg, *The Logic of Connective Action: Digital Media and the Personalization of Contentious Politics*, Cambridge University Press, 2013.

（18）Schäfer, op.cit., 2016、北田暁大『広告都市東京——その誕生と死 増補』（ちくま学芸文庫）、筑摩書房、二〇一一年

（19）Schäfer, op.cit., 2016.

（20）Tarleton Gillespie, “The Politics of ‘Platforms’,” *New Media & Society*, 12(3), 2010.

（21）前掲『アーキテクチャの生態系』

(22) Bruno Latour, "On Actor-Network Theory: A Few Clarifications," *Soziale Welt*, 47(4), 1996.

(23) Rumi Sakamoto, "'Koreans, Go Home!' Internet Nationalism in Contemporary Japan as a Digitally Mediated Subculture," *The Asia-Pacific Journal*, 9(10), 2011.

(24) Cass R. Sunstein, *Republic.com 2.0*, Princeton University Press, 2009, Choon-Ling Sia, Bernard C. Y. Tan and Kwok-Kee Wei, "Group Polarization and Computer-Mediated Communication: Effects of Communication Cues, Social Presence, and Anonymity," *Information Systems Research*, 13(1), 2002.

(25) Sunstein, *op.cit.*, Seth Flaxman, Sharad Goel and Justin M. Rao, "Filter Bubbles, Echo Chambers, and Online News Consumption," *Public Opinion Quarterly*, 80(1), 2016.

(26) Statista, "Most-used Languages on Twitter 2013"(https://www.statista.com/statistics/267129/most-used-languages-on-twitter)［二〇一五年三月六日アクセス］

(27) 津田大介／香山リカ／安田浩一ほか『安倍政権のネット戦略』（創出版新書）、創出版、二〇一三年

(28) 宮武嶺ブログ「自民党ネットサポーターズクラブ（J-NSC ネトサポ）のネット世論誘導 ネトウヨその世界5」二〇一五年八月十一日（http://blog.goo.ne.jp/raymiyatake/e/24172abb0f4503a72a3238afe593806d）［二〇一五年九月二十九日アクセス］。会員資格は十八歳以上の日本国民であれば誰でもよく、自民党員である必要はない。規約には以下のような目的が書かれている。「夢と希望と誇りを持てる日本を目指すため、党勢拡大をはかり、日本再建を実現する」（自民党ネットサポーターズクラブ規約〔https://sub.jimin.jp/jnsc/policy.html〕［二〇一五年九月二十九日アクセス］）

(29) Kingston, op.cit.

(30) Ibid.

(31) Ibid.

(32) Ibid., Simon Hegelich and Dietmar Janetzko, "Are Social Bots on Twitter Political Actors? Empirical Evidence from a Ukrainian Social Botnet," Proceeding of the Tenth International AAAI Conference on Web and Social Media, 2016, Bence Kollanyi, Philip N. Howard and Samuel C. Woolley, "Bots and Automation over Twitter during the First U.S. Presidential Debate," Data Memo, Project on Computational Propaganda, 2016.

(33) Howard and Woolley, op.cit.

(34) Hegelich and Janetzko, op.cit.

(35) Joshua A. Williams and Douglas M. Miller, "Netizens decide 2014 a look at party campaigning online," in Robert J. Pekkanen and Ethan Scheiner, Steven R. Reed eds., *Japan Decides 2014: The Japanese General Election*, Palgrave Macmillan, 2016, pp. 144-152. 津田大介「ソーシャルメディアは東北を再生可能か――ローカルコミュニティの自立と復興」、東浩紀編『思想地図 beta』vol.2所収、コンテクチュアズ、二〇一一年

(36) キーワードは以下のとおり。総選挙、衆院選、総選挙二〇一四、アベノミクス、消費税、TPP、集団的自衛権、復興、原子力発電所、再稼働、自民党、安倍晋三、維新の党、江田憲司、民主党、海江田万里、公明党、山口那津男、次世代の党、平沼赳夫、共産党、志位和夫、生活の党、小沢一郎、社民党、吉田忠智。

(37) Howard and Kollanyi, op.cit., Hegelich and Janetzko, op.cit., Kollanyi, Howard and Woolley., op.cit.

(38) このように明確なパターンが出るのは、日本の二〇一四年総選挙に限ったことではない。一三年のドイツ国政選挙に際して収集した九十三万二千九百九十六のツイートでも、パターン②と似た大規模なクラスターがみられた。これらのツイートは、猫に関わる名前のアカウントをもつ「Twitter」の

bot から発信されていた。

（39）「ポリタス」（http://politas.jp/）［二〇一五年十月十五日アクセス］

（40）Stefan Stieglitz, Florian Brachten, Davina Berthelé, Mira Schlaus, Chrissoula Venetopoulou and Daniel Veutgen, "Do Social Bots (Still) Act Different to Humans?: Comparing Metrics of Social Bots with Those of Humans," in Gabriele Meiselwitz ed., *Social Computing and Social Media: Human Behavior*, Springer, 2017.

（41）Schäfer, *op.cit.*, 2016, Schäfer, *op.cit.*, 2017, Dijck, *op.cit.*

（42）したがって、本章で示したようなコンピューターを使った方法論によって bot の顕著なパターンは検出しうるが、そのパターンを人間が解釈しないと意味ある知見は得られない。

（43）Axel Bruns, Tim Highfield and Stephen Harrington, "Sharing the News: Dissemination of Links to Australian News Sites on Twitter," in Janey Gordon, Paul Rowinski and Gavin Stewart eds., *Br(e)aking the News: Journalism, Politics and New Media*, Peter Lang, 2013, Alfred Hermida, "Twittering the News: The Emergence of Ambient Journalism," *Journalism Practice*, 4(3), 2010. 残念ながら本章の調査では「Twitter」のデータを収集した際、ハッシュタグのトレンドを記録しなかった。前述の都議会での事件に関するハッシュタグについていえば、何らかの直接的な影響を見いだすことはできなかった。グーグル・トレンドでみるかぎり、コンピューター仕掛けのプロパガンダは選挙中のアジェンダに影響を及ぼしていないといえる。「塩村あやか」と「産めないのか」が出たのは、マスコミが報道していた二〇一四年六月八日から七月二十六日だけで、総選挙の時期には浮上していない（「Google Trends」［https://trends.google.de/trends/explore?date=2014-01-012014-12-31&q= 塩村あやか」、「Google Trends」［https://trends.google.de/trends/explore?date=2014-01-01%202014-12-31&q=

産めないのか」〔二〇一五年八月二十八日アクセス〕)。

(44) David A. Snow, E. Burke Rochford Jr., Steven K. Worden and Robert D. Benford, "Frame Alignment Processes, Micromobilization, and Movement Participation," *American Sociological Review*, 51(4), 1986.

(45) Ruud Koopmans and Paul Statham, "Political Claims Analysis: Integrating Protest Event and Political Discourse Approaches," *Mobilization*, 4(2), 1999.

(46) 安田浩一『ネットと愛国――在特会の「闇」を追いかけて』(g2 book)、講談社、二〇一二年

(47) Higuchi, *op.cit.*

(48) *Ibid.*

(49) これは事実ではなくフィクションに基づくものであり、山野車輪による『マンガ嫌韓流』(〔晋遊舎ムック〕、晋遊舎、二〇〇五年)がその典型である。

(50) Higuchi, *op.cit.*

(51) *Ibid.*

(52) Sakamoto, op.cit.

(53) 前掲『嗤う日本の「ナショナリズム」』

(54) Shusuke Murai and Takeshi Suzuki, "How the Japanese Social Media Users Discussed the Senkaku Controversy," in Thomas A. Hollihan ed., *The Dispute Over the Diaoyu/ Senkaku Islands: How Media Narratives Shape Public Opinion and Challenge the Global Order*, Palgrave Macmillan, 2014.

(55) チャンネル桜「【安倍晋三】これからの日本とマスメディア問題〔桜 H21/6/11〕」二〇〇九年六月十一日(https://www.youtube.com/watch?v=twjpMjtoBRk)〔二〇一四年十月九日アクセス〕

（56）Murai and Suzuki, op.cit.
（57）Jan-Werner Müller, *What is Populism?*, University of Pennsylvania Press, 2016.
（58）*Ibid.*
（59）安田浩一「ヘイトスピーチ繰り返すネット右翼「嫌韓」の背景」、前掲『安倍政権のネット戦略』所収
（60）前掲『安倍政権のネット戦略』
（61）Tessa Morris-Suzuki, "Freedom of Hate Speech: Abe Shinzo and Japan's Public Sphere," *The Asia-Pacific Journal*, 11(8), 2013.

［付記］本章は、エアランゲン＝ニュルンベルク大学の新領域開拓プロジェクトの助成を受けている。

ステファン・エヴァート（エアランゲン＝ニュルンベルク大学ドイツ学・比較文学学部教授、専攻は計算・コーパス言語学）
フィリップ・ハインリッヒ（エアランゲン＝ニュルンベルク大学ドイツ学・比較文学学部講師、専攻は計算・コーパス言語学）

終章　ネット右翼とフェミニズム

山口智美

はじめに

二〇一九年四月二十一日、市長選や市議会選などを中心とする統一地方選の後半戦の開票がおこなわれた。Youtuber として積極的にネット発信をしてきた立花孝志が代表を務める「NHKから国民を守る党」が首都圏や関西圏を中心として四十七人の候補者を擁立していたが、二十六人が当選するという躍進をみせた。同党からの当選者のなかにはニコニコ動画での配信などネットを活動の場にしてきた候補者や、明らかにネット右翼的な活動をしてきた候補もいた。例えば、排外主義の運動体「しきしま会」の代表である沓沢亮治（ボウズＰ）は東京・豊島区議会選挙に出馬して当選している（だが、ほかの当選者三人とともに沓沢は同党を四月二十九日に離党し、除名処分になっている。五月六日現在、同党を離党した議員は六人にのぼる）[1]。また、一八年十月の川西市議選では、同党から出馬した元「チーム関西」の中曾千鶴子が当選するなど、同党からの候補者や議員にはネットを積極的に活用し、ネット右翼的立場で発言し活動してきた人たちが目立つ。

二〇一三年に結成された「ＮＨＫから国民を守る党」は、一見したところ、ＮＨＫ受信料批判というシングルイシューを掲げているかのようにみえる。だが、マスコミであるＮＨＫをターゲットにしていることに加え、歴史修正主義や、社会福祉への批判的態度をも掲げていることなど、明らかにネット右翼的な主張をおこなっている[2]。同党の公式サイト上では、ＮＨＫの受信料取り立て問題に特化した主張が並ぶが、最後に挙げてある二つの項目が同党のネット右翼的性格をあらわにする。一つは「ＮＨＫはウソの番組を放送している」。二〇〇九年に放送されたＮＨＫスペシャルで、ウソの歴史を捏造し東京高等裁判所でＮＨＫは敗訴しています」というもの。これは、『ＮＨＫスペシャル JAPANデビュー』として放送された日本の台湾統治についての番組が、日本統治を否定的に描いて偏向しているなどとして、ネット右翼を中心とする右派が反発し、「日本文化チャンネル桜」などがＮＨＫを提訴した件を指している。東京高裁ではＮＨＫが敗訴したものの、一六年一月、最高裁は原告逆転敗訴を言い渡したが、同党はこの最高裁判決については記さず、ＮＨＫの敗訴が確定したかのように印象づけている。また、「ＮＨＫから国民を守る党のもう一つの公約」として示しているもう一つの項目は、「生活保護費は現金支給から現物支給へ」「不正受給も撲滅できます」というものだ。この生活保護批判はネット右翼の特徴的な主張であり、前在特会会長の桜井誠を党首とする日本第一党が掲げる政策にも「生活保護不正受給の根絶と現物支給への移行を目指します[3]」という全く同じものがある。

「NHKから国民を守る党」がシングルイシュー風の政策リストに紛れ込ませた主張としては、排外主義よりもむしろ歴史修正主義や生活保護バッシングが表立っている。政治スタンスがわかりづらい同党が着々と地方議会で議席を獲得する半面、あからさまに右派色と排外主義色を強く打ち出す政策を掲げた桜井誠の日本第一党は、統一地方選で候補者十二人を擁立したものの、一つも議席を獲得することはできなかった。「NHKから国民を守る党」の躍進、という統一地方選での結果は、桜井誠や彼が率いてきた在特会（在日特権を許さない市民の会）や日本第一党こそが、ネット右翼が政治運動に直結した姿だという考え方に拘泥しすぎると見逃してしまうものがあるという問題を投げかけている。

本書は、ネット右翼とはいったい誰なのかという疑問に関してさまざまなアプローチから迫ったもので、第4章「ネット右翼と参加型文化——情報に対する態度とメディア・リテラシーの右旋回」（倉橋耕平）がメディア論という位置づけだが、それ以外はすべて実証的な調査に基づいた論考が並んでいる。そこから、ステレオタイプのイメージを超えたネット右翼の実際のありようを描き出すのが本書の目的といえるだろう。

私の専門は文化人類学で、これまで在特会などの排外主義運動から日本会議系の主流保守運動までのさまざまな右派の運動に関わる人たちについて、活動の観察[4]やインタビューなどの調査をおこなってきた。私は計量分析を専門にする学者ではないし、排外主義やほかの右派運動の現場で活動する人たちに直接話を聞くなかで、その人たちがネットをどのように活用してきたかについても聞き取って考察するという私の調査と、本書掲載の論文とは、ある意味、逆の方向性をとっているといえる。(5) さらに私自身もフェミニストとして、二〇〇〇年代半ば以降、論文や記事、書籍だけではなく、ブログ、「Twitter」などでの発信をおこなってきていて、さまざまな局面でネット右翼から批判されたりまた対峙したりもしてきた。

そこで本章では、各論文のネット右翼についての分析を受けて、再び「ネット右翼とは何か」という問題に立ち戻り、「ネット右翼」カテゴリーの有効性について考え直してみたい。その際、特に私自身のフィールド調査と個人的なフェミニストとしての経験にも基づき、私が見てきた状況とのズレに注目していく。具体的には、ネット右翼と政治やメディアの関係性と歴史認識問題に言及し、最後に、本書の論考が扱いきれなかった重要な論点であるジェンダーやセクシュアリティをめぐる課題やフェミニズムへのバックラッシュ（反動）についてふれたい。

なお本章は、本書全体の「まとめ」は意図していない。各章の議論を私なりにまとめながら、さらに検討が必要な論点を挙げていく。そして、倉橋が言及するようにネット右翼は二〇〇二年頃に認知され始めたといわれるが、その登場に多少先んじて、〇〇年ごろから起きたフェミニズムへのバックラッシュの重要性にふれながら、ネット右翼をめぐる現状を把握するために必要な右派の運動の流れや、ネット右翼が駆動する社会背景を読み解く視点を提示することをめざしている。

1　ネット右翼と政治、メディア

本書の大きな狙いは「ネット右翼とは何か」を実証的に描き出すことである。そのなかで、ネット右翼と主流の政治、さらにはメディアとの関係性が重要な側面として浮かび上がったといえるだろう。

八万人に及ぶネットユーザーを対象とした大規模調査に基づいた研究が、永吉希久子（第1章「ネット右翼とは誰か――ネット右翼の規定要因」）と松谷満（第2章「ネット右翼活動家の「リアル」な支持基盤――誰がなぜ桜井誠に投票したのか」）の論文だ。永吉は、ネット右翼を定義するにあたり、辻大介による先行研究(6)にならい、「①中国・韓国への否定的態度、②保守的政治志向、③政治・社会問題に関するネット上での意見発信や議論」、という三条件を全て満たす場合がネット右翼(7)である、とした。さらに永吉は、ネット右翼とオンライン排外主義者という二種のカテゴリーに分け、その違いを保守的な政治志向を必ずしも後者がもたない点に見いだす。保守的政治志向の有無は「靖国公式参拝」と「憲法九条の改正」に対する賛否、「国旗・国歌を教育の場で教えるのは、当然である」と「子どもたちにもっと愛国心や国民の責務について教えるよう、戦後教育を見直すべき(8)」という項目への同意の程度を用いて測定し、四つの項目すべてに賛成の場合に保守的政治志向があるとしている。そして、ネット右翼は政府を支持し、保守を自任する傾向にあるが、オンライン排外主義者は、現在の政府と距離をとり、政治的立ち位置も明確ではないという。ステレオタイプで考えられがちなネット右翼だが、保守的政治志向に必ずしも賛同せず、現政権と距離をとるオンライン排外主義者層もいて、ネット右翼と思われている人たちの政治志向が実は一様ではない、というのは重要な知見である。

他方で、前述のカテゴリーは便宜的なものなので、ここではカテゴリーについて私なりの視点から考察してみよう。永吉が排外主義を表す指標として、辻の先行研究にならって採用している「中国・韓国への否定的態度」だが、これ以外に、例えば在日コリアン、アイヌ、沖縄の人たちなどさまざまなマイノリティや移民・難民への否定的態度など、ほかの要素もあるだろう。さらに、ネット右翼とオンライン排外主義者のカテゴリーを分けている「保守的政治志向」という概念はかなり幅広いものである。例えば、永吉はネット右翼・オンライン排外主義者ともに「伝統的家族観」が強いと述べるのだが、これは「保守的政治志向」の一つともいえるだろう。政権にも近い主流保守団体と位置づけられる日本会議にとっては、「家族」は主要な運動テーマだからだ。[9] さらに、オンライン排外主義者も、非排外層の人たちよりは「保守的政治傾向」が高いとも永吉は指摘している。となると、ネット右翼とオンライン排外主義者という二カテゴリーに分類することで、カテゴリー間の差異が焦点化できる一方で、両者の同一性も浮かび上がってくるようにも思う。

永吉と同じデータに基づき、都知事選で桜井誠を支持した人々について分析した松谷は、桜井支持者は排外主義的傾向がきわめて強いナショナリストであり、明確な保守（右派）傾向をもち、左派的な傾向がある政党・運動への嫌悪感が強く、政治に対する不信感はむしろ弱く、個人の生活での不満や不安を抱えている人が多い、とする。桜井支持者は永吉の分類でいうならネット右翼に近いようだ。その半面、桜井支持者には権威や伝統をあまり重視しない人のほうが多く、右派に強硬な反対運動がみられる「夫婦別姓」に関しても反対が約四〇%と思いのほか多くないとする。この点は、「伝統的家族観」が強いという永吉の分析と異なっていて興味深い。

さらに松谷は、ヨーロッパの極右と異なる日本の特徴として、階層的な偏りや特徴がないという点を挙げる。そして「日本の場合、階層的地位が相対的に高い人々に極右的なものへの警戒心や反発が少ないということを意味するのかもしれない[10]」という。ヨーロッパの極右研究の知見に基づけば、運動の拡大には反政治・反エリートなどのポピュリズムの要素や既存のイデオロギーを乗り越える視座がなくてはならないとし、「ネット右翼活動家が現在のような方向性しかとりえないのであれば、それは日本社会にとってたいした脅威ではないだろう[11]」という。だが、日本の場合、「階層的地位が相対的に高い人々に極右的なものへの警戒心や反発が少ない」のなら、反政治や反エリートという姿勢をとらなくても、運動は拡大できる、あるいはすでに拡大している、ということにもなる。見てきた現場のリアリティからすると、それは十分に「脅威」だという実感が私にはあるし、日本の状況にヨーロッパ極右研究の知見を当てはめることの妥当性の問題もあるだろう。さらなる検証が必要な論点だ。

ネット右翼と政治との関係を検討するために、ファビアン・シェーファーらは、二〇一四年総選挙を事例として取り上げ、ツイッター上で自動発信する社会的・政治的 bot に着目して分析した。そして、安倍晋三首相は表向きの選挙戦上はアベノミクスを掲げたが、ネット上では、bot がナシヨナリズムの争点を展開することで「安倍とネット右翼の共生関係」が作られていたことを示した。ここで浮かび上がるのも、政権に親和的で補完的な役割を果たすネット右翼の姿である。

永吉のオンライン排外主義者層を除いては、ネット右翼はおおむね政権に親和的で、かつネットでの発信を積極的におこなっているということになるが、彼らの既存メディアとの距離感はどうなのだろうか。永吉によれば、ネット右翼はテレビに批判的であり、インターネットに親和的で、オンライン排外主義者はSNSや口コミを重視するという。また、松谷は、テレビや新聞を情報源にしている人ほど桜井を支持せず、インターネットのブログやまとめサイトを情報源としている人ほど桜井を支持する傾向があるとする。確かにネット右翼は、ネットこそ「マスコミが報じない真実」を報じるのだ、という主張のもとにネット情報を重視する半面、「朝日新聞」を筆頭に「毎日新聞」、フジテレビ、NHKなどのテレビや新聞を批判の対象にしてきた。松谷は、「テレビや新聞に接しないことが、ネット情報への依存を高め、それによってネット右翼に共感するようになるという方向と、ネット右翼に共感するようになったためにテレビや新聞をあえて情報源として用いなくなったという方向である[12]」という。

また、倉橋は、右派ジャーナリストの西村幸祐の論を検討しながら、一九九〇年代に右派論壇誌で生じた「参加型文化」と「集合知」が二〇〇〇年代にインターネット上で現れ、情報に強いのはマスメディアではなくインターネットだという価値観を西村が〈メディアリテラシー〉という語に込めたと指摘する。さらにここで「メディアリテラシーの右旋回」が起き、既存メディアが「反日メディア」や「反日マスコミ」として批判され、たたかれるようになった流れを描き出した。ネット右翼の「文化」として、倉橋がいう「メディア・リテラシーの右旋回」現象以降、テレビや新聞メディアが「反日」として批判すべき対象になった現象については、本章の冒頭で取り上げた「NHKから国民を守る党」がNHK批判を打ち出して支持を得ていることがその典型例だろう。

以上の指摘をふまえながら、新聞やテレビなどのメディアがネット右翼の「敵」とされながらもそれに当てはまらない複雑な状況にここでは目を向けよう。安倍政権以降、テレビや新聞の内容がかなり右傾化していて、二〇一四年の「朝日バッシング」以降、特に左派メディアの萎縮が目立っている状況にある。右派言説での「産経新聞」の役割の大きさはいうまでもなく、テレビに関しても、首都圏では放映されていないものの、それ以外の各地で放送され、日曜日の昼間という放送時間帯にもかかわらず一〇%を上回る高視聴率を続ける、いわゆる「お化け番組」といわれるバラエティ『そこまで言って委員会NP』[13]をはじめとして、右派色が強い番組は存在する。特に、〇三年に放送を開始した『たかじんのそこまで言って委員会』(二〇一五年四月から『そこまで言って委員会NP』)には、安倍首相も何度も出演してきたことがあるなど政権を支援する役割を果たしながら、歴史認識問題や領土問題など「よそではやりにくいような〝やっかいなところ〟にも臆せず突っ込んで」[14]いくところが人気の理由だと、元プロデューサー井関猛親はインタビュー記事で語っている。私は『そこまで言って委員会NP』の出演者の一人である田嶋陽子について社会学者の斉藤正美と共同研究をおこなっていて、同番組のスタッフや出演者らに聞き取り調査を重ねてきたが、「東京のテレビとは違う」「関西だからこそ可能な番組」と東京のテレビ的な放送タブーをもたず、制作スタンスが異なっていることを強調するスタッフや出演者は多い[15]。だが近年、東京キー局による報道番組やワイドショーなどでも、韓国・中国への否定的な態度をあからさまにするものが増えている状況もある。ここで松谷の「日本の場合、階層的地位が相対的に高い人々に極右的なものへの警戒心や反発が少ないということを意味するのかもしれない」という指摘を加味すれば、日本のマスコミ業界にいる人たちもまた、極右的なものへの警戒心や反発が少ないという可能性もあるといえる。テレビや新聞などのマスコミが、ネット右翼から「反日」として批判を浴びながらも、同時にネット右翼的文化を作り上げ、排外主義やナショナリズムを強化する役割も果たしているのかもしれない。こうした複雑な状況に加えて、高齢層のネット右翼にとってのテレビメディアとインターネットの役割や、両者を媒介するような役割を果たしてきた「チャンネル桜」などについても今後の検証が必要だろう。

2　歴史認識と日本軍「慰安婦」問題

次に、ネット右翼の歴史認識問題、特に日本軍「慰安婦」問題との関連についてみていこう。シェーファーらの第5章「ネット右翼と政治――二〇一四年総選挙でのコンピューター仕掛けのプロパガンダ」の冒頭で、二〇一四年七月三十一日付の「東京新聞」記事と、それへの日本会議による反論を取り上げている。実はこの日本会議の応答のなかで、「東京新聞」を「②ヘイトスピーチの団体と日本会議を関連づけた」と批判する箇所は、私のコメントを引用した部分だった。私が、

「在特会などの『行動する保守』は、日本会議などの主流保守運動を『きれいごと保守』として批判してきたが、慰安婦問題などの歴史修正主義や排外主義のおおもとは、日本会議などの運動の中で培われたものだ」、そしてヘイトスピーチが社会問題化している在特会などと日本会議との「関連にも注目」すべきと発言したことに対して、日本会議は「ヘイトスピーチと当会を関連付ける上記記事は、これまた悪質な印象操作であり不当です[16]」と批判した。

私がこのコメントをした際に、日本会議と在特会などの行動保守運動をつなぐ最大のテーマとして念頭に置いていたのは、特に日本軍「慰安婦」問題だった。「慰安婦」問題は、日本会議にとっても、そして行動保守運動にとってもまた、活動の初期から現在に至るまでずっと中心課題の一つだったからだ。行動保守系諸団体は第一次安倍政権だった二〇〇六年頃から発足していったが、「慰安婦」問題は初期からの中心的な課題だった。特に西村修平が代表を務めた「河野談話の白紙撤回を求める市民の会」による〇七年のネット署名運動は街頭行動にも発展し、瀬戸弘幸や桜井誠らも参加して活動家らが連携を深めたきっかけになり、さらに「慰安婦」問題のネットでの拡散にも寄与した。一一年十二月に、ソウルの日本大使館前に「慰安婦」少女像が設置されると、当時在特会の事務局長だった山本優美子が「慰安婦」問題に特化した活発な運動を開始し、「なでしこアクション」を結成。さらに一三年、アメリカのカリフォルニア州グレンデール市に「慰安婦」少女像が設置されたことがきっかけになって、海外での「歴史戦」に対抗するという目的のもとに、「慰安婦の真実国民運動」が結成された[17]。これは「慰安婦」問題に関わる右派団体の連絡会的な組織だが、実質は「新しい歴史教科書をつくる会」が呼びかけ、それに行動保守系や幸福の科学系の右派諸団体が賛同して合流したものだ。もともとつくる会は、「慰安婦」問題の記述の中学教科書への導入をきっかけとして始まった運動だったが、教科書採択戦で、同じ右派の育鵬社教科書にも圧倒されるなど敗北が続いており、このころから歴史問題への関わりをより強め、ネット右翼との共闘が目立つようになった。

グレンデールでの「慰安婦」少女像の設置をきっかけとして、北アメリカでの「慰安婦」碑や像に対する関心がネット右翼の間で高まった。ネット上では「テキサス親父」ことトニー・マラーノの呼びかけで、二〇一三年十二月にホワイトハウスの請願コーナーを使って、グレンデール市の「慰安婦」少女像の撤去を要求するネット署名活動をおこない、十万筆を超える署名を集めた。さらに一四年八月五日には、「朝日新聞」が自社の「慰安婦」報道の検証記事を掲載。それに対し、朝日新聞社と「慰安婦」問題への激しいバッシングが広がった。朝日新聞社を相手どった集団訴訟も複数起き、このうち「チャンネル桜」系の「頑張れ日本！全国行動委員会」がリードした「朝日新聞を糾す国民会議」による対朝日新聞社集団訴訟には二万五千人を超える原告が参加している。[18]

樋口直人によるネット右翼層の「Facebook」での発信の分析によれば、歴史について発信するネット右翼は少なく、「歴史に対する関心を出発点として歴史修正主義や排外主義へと行き着くのではなく、ネトウヨ活動に必要な「動機の語彙」として歴史が選択されたと考えるべきだと思われる。すなわち、敵への憎悪がまず存在し、バッシングを正当化する材料として歴史があとから利用された可能性がある」[19]という。私が在特会系の運動家らに聞き取りをするなかでも、運動に入ったきっかけとして「慰安婦」問題に言及する人は少なかった。だが活動に参加し始めると、すでに

「慰安婦」問題については右派論者によって作られ、出来上がり、ネット上で簡単にまとめられている論点のテンプレが存在しており、共通の「知識」としてそれを「勉強」し、ネット上や街宣（街頭宣伝）の場などで「披露」でき、さらには左派の「論破」ができるネタとして活用されるテーマでもあった。

このように、ネット右翼層と既存保守運動を結び付けるテーマとして、日本軍「慰安婦」問題をはじめ、南京大虐殺や徴用工問題など歴史認識問題の役割は大きい。さらに、右派勢力による海外での「歴史戦」活動によって、海外在住の日本人や戦後、特にバブル期前後に移民した「新一世」のなかでネット右翼層を新たに開拓する最大のイシューが「慰安婦」問題にもなっている。海外在住の日本人の場合、日本語の印刷媒体やテレビなどマスメディア媒体へのアクセスが悪いため、日本のネット右翼以上にネットに依存しがちになり、遠隔地ナショナリズムがネットを通して高められやすい状況にもある。

歴史認識問題は、ときにはネット右翼のリクルートや主張拡散のためのツールとして使われ、また、バッシングを正当化するための材料になったり、主流保守や政治とのつながりを深めるテーマになるなど、さまざまな役割を果たしているが、ネット右翼とのつながりに関しては軽視されがちな分野でもあった。本書を契機として、今後もさらなる調査と分析が必要だろう。

3　ジェンダーとネット右翼

「慰安婦」問題もジェンダーやセクシュアリティが密接にからむ問題だが、ジェンダーやセクシュアリティをめぐる問題、さらにはフェミニズムへのバックラッシュとネット右翼との関係性も重要である。以下では、「ジェンダー」「フェミニズムへのバックラッシュ」「反日」という三つの視点から問題の核に迫りたい。

ネット右翼といえば「男性」のイメージが一般に強く、本書の調査でもネット右翼には男性が多いという結果が出ている。本書編纂のきっかけになった二〇一八年七月のシンポジウムの場で、樋口直人はナショナリズムや排外主義と男性性の関係が日本のネット右翼の場合、明確には見えづらいことを指摘した。本書第3章「ネット右翼の生活世界」でも、樋口はヨーロッパの極右に見られるような「スキンヘッド、黒装束、編み上げブーツ」というステレオタイプなファッションが日本のネット右翼には存在せず、それが「ネット右翼というとファッションに無頓着でさえない男性というステレオタイプの外見が付きまとう」原因だとする。そして、日本の典型的極右ファッションである街宣右翼の隊服などは在特会などによって忌避されてもいると指摘した。

しかし在特会系運動の場合でも、違うレベルでの服装へのこだわりは存在する。彼らは典型的極右ファッションは忌避し、日常的な普段着でデモの場に現れて「普通の市民」像を演出する。さらに街宣やデモでリーダー役を務める場合はビジネススーツを着てくる場合が多い。ビジネススーツが象徴する「サラリーマン」的イメージこそが、彼らの「普通の男性」性の表現なのだろう。そして、「普通の市民」感の演出のためには女性の存在も外せず、例えばデモの際に女性を最前列の目立つ位置に配置することはよくあることだ。在特会系の場合、団体の代表や支部長、デモや街宣の現場責任者などを女性が務めることも珍しいことではない。在特会の場合は、必ずしも「女性」が表す像が「主婦」や「母」ではないが、女性であることを打ち出した団体、例えば「日本女性の会そよ風」「愛国女性のつどい花時計」「なでしこアクション」などは、「普通の女性」「主婦」「母」といった、いわゆる伝統的なジェンダー役割の女性像を強調する発信が多い。

本書で倉橋も言及するように、アメリカでは、ホワイトナショナリスト（オルタナ右翼）が既存の社会規範全般を攻撃し、フェミニズムやポリティカル・コレクトネスへのバックラッシュが高まっている。また、ホワイトナショナリストと男性権利運動のオーバーラップや、極右運動内でのtoxic masculinity（有毒な男らしさ）の蔓延も指摘されていて、こうした運動参加者らの間には明らかに伝統的「男性性」へのこだわりがある。[20] 樋口の日本語圏の「Facebook」ユーザーの調査によれば、ネット右翼のジェンダー化されたサブカルチャー的基盤としてミリタリーオタク（ミリオタ）や武道が浮かび上がったが、これらは基本的に「男性性」とミソジニーが濃い世界であり、そうした「男性性」の生活世界とネット右翼には一定の親和性があると樋口は指摘する。

半面、在特会やその関連団体は、女性、特にマイノリティ女性を激しい攻撃の対象にはしてきたものの、ジェンダーやセクシュアリティに関する問題への関心は実はそれほど強いとはいえない。

「慰安婦」問題を除いては、在特会系の団体の運動の主要テーマとして、ジェンダーやセクシュアリティ関連の課題があがってくることは少ない。在特会系を調査するなかで、私が「フェミニスト」であると自己紹介をしても、それに対して目立った敵意を示されることはなかった。「フェミニスト」に反応した数少ない人たちは、職場など個人的な生活のなかでフェミニストや男女共同参画への批判的な思いを抱えている女性たちだった。

4　フェミニズムへのバックラッシュとネット空間

だが、在特会やそれに近い団体がフェミニズムに強い関心を示さないということは、それすなわちネット右翼全体にジェンダーやセクシュアリティ関連の関心が存在しないということではない。というのも、樋口が調査したネット右翼の人たちの「Facebook」上での日常生活の限定された男性性サブカルチャー規範や在特会系の活動をはるかに超えたレベルで、ネット空間では性差別やミソジニー、さらにＬＧＢＴ（性的少数者）への差別が蔓延しているからだ。フェミニズムもネット上でよくたたかれてきたし、現在、#MeToo運動が広がるなかで、性暴力の被害を告発する女性たちに対するネットでのバッシングやセカンドレイプは後を絶たない。

ネット上でのフェミニズムへのバッシングはいまに始まったことではない。一九九〇年代、私はフェミニズム系ＮＰＯ法人のスタッフとしてその団体の掲示板を管理していたことがあったが、あまりにフェミニズムたたきの荒らしが殺到した結果、やむをえずその掲示板を閉鎖した。同様の運命をたどったフェミニズム系の掲示板は多かった。九九年に男女共同参画社会基本法ができ、そのあと地域での男女共同参画条例づくりが始まると、フェミニズムへのバックラッシュは激化した。この頃に攻撃のターゲットになったのは、男女共同参画条例や性教育、男女混合名簿などのジェンダー平等教育、行政の男女共同参画講座や啓発冊子、LGBTの人権、そしてフェミニズムの運動家や学者だった。「ジェンダーフリー」という概念が特に攻撃対象になり、ネット上でも「過激な」とか「行き過ぎた」という枕ことばをつけて、ジェンダーフリーやジェンダー概念、フェミニズム、フェミニストや性教育、同性愛・両性愛などが激しくたたかれた。[21]

フェミニズムへのバックラッシュは、地域では日本会議系や統一教会系の宗教保守勢力が中心となって動きを作り、日本政策研究センターの「明日への選択」、新生佛教教団系「日本時事評論」(日本時事評論社)や、統一教会(現・世界平和統一家庭連合)系「世界日報」(世界日報社)などの右派媒体がフェミニズム批判記事を次々に出していき、「正論」(産経新聞社)、「諸君!」(文藝春秋)などの右派論壇誌や、「産経新聞」などのマスコミにもフェミニズム批判記事が掲載されていった。ネット上ではこうした既存保守メディアの情報が引用・参照されながら、ブログや「2ちゃんねる」「フェミナチを監視する掲示板」などの掲示板、二〇〇〇年代中頃以降には「mixi」などのSNSでフェミニズムバッシングがおこなわれていた。

西村修平や増木重夫、千葉県の右翼団体「千風の会」の渡辺裕一ら、行動保守の礎を作る役割を果たした運動家らは、地域での男女共同参画条例やセンター、講座などへの反対運動、すなわちバックラッシュに関わってきた人たちだ。[22] 加えて、同時期の二〇〇〇年には東京で女性国際戦犯法廷が開催され、西村らも抗議行動に参加。日本軍「慰安婦」問題に関わる松井やよりらフェミニストへのバッシングも激しくなった。

二〇〇〇年代前半はつくる会の最初の教科書採択運動が失敗したあとで、女性国際戦犯法廷や男女共同参画社会基本法、条例の制定をきっかけとして右派の運動のターゲットがフェミニズムに移った時期だった。〇二年から〇五年頃が男女共同参画へのバックラッシュの最盛期であり、山谷えり子らによってバックラッシュは国会質問にまで波及した。

さらに、二〇〇〇年代には、「男性差別反対」を掲げた運動として女性専用車両反対運動も始まっている。「女性専用車両に反対する会」は〇三年にサイトを開設し、「差別ネットワーク」の代表の「ドクター差別」（兼松信之）によるブログが開始されたのが〇八年十一月。これらの団体は、「乗車会」と称して女性専用車両に乗り込み、録音や動画を撮って発信するなどの活動や街宣、ポスティングなどをおこなってきた。また、すでに解散した「男性差別を許さない市民の会」は、女性専用車両問題のほか、痴漢冤罪、ポジティブアクションなど「不当な男性差別に反対する市民団体」として活動していた。[23] 女性専用車両反対運動の運動家らは、自分たちはネット右翼ではない、とブログなどで強く否定してきていて、[24] 私は偶然、右派団体の街宣を国土交通省前で取材していた際に「女性専用車両に反対する会」や「差別ネットワーク」のメンバーが申し入れにいくところに遭遇したことがあるが、後者は自分たちは右翼ではない、とその際にも主張していたのを聞いた。しかし、元民社党職員[25]だった「ドクター差別」こと兼松は、自らを「中道」だと名乗っているが、

「沖縄、原発、尖閣諸島、竹島、北方領土、拉致、慰安婦(=売春婦)、南京虐殺などいくつかの問題では、保守派よりも「強硬」かもしれません」[26]とも記す。さらに一五年四月四日には、東京都杉並区で「女性活躍推進を考える特別集会実行委員会」と「全国男性復権を目指す会」の共催、「差別ネットワーク」と「杉並区教育委員会」の後援で、「女性が輝く社会とは?女性活躍推進を考える特別集会」と題した集会を開催。私はこの集会に出かけたが、当日配布された資料には、顧問として東京都議の古賀俊昭、基調講演には高橋史朗(当時は明星大学教授、現在は麗澤大学特任教授)、さらに協力者として、土屋たかゆき元東京都議(当時は「やまと新聞」論説委員長、現在は同新聞編集長)、松浦芳子杉並区議、右派活動家の村田春樹、そして「チャンネル桜」の名前が並び、それ以外の来場者たちも明らかに右派人脈で、フェミニズムへのバックラッシュにも深く関わってきた人々だった。

こうしたフェミニズムへのバックラッシュと地続きに登場するのが、次節で紹介する「反日」という視点である。

5 「反日」という視座

二〇〇〇年代初期から中期にかけて、右派運動やネット上でフェミニズムが激しくたたかれるなかで、在日バッシングや嫌韓・嫌中も激化し始めた。例えば、「別冊宝島」で〇六年に『嫌韓流の真実！ザ・在日特権』[27]を編集したジャーナリストの野村旗守がその直前に手がけたのが〇五年の『男女平等バカ』[28]であることは示唆的だ。そして同じ〇五年には、『マンガ嫌韓流』[29]の第一巻が発売されてベストセラーになった。それに加えて、〇〇年代半ばは「人権擁護法案」反対の動きも右派の間で盛り上がり、ネットでも広がっていた。〇六年出版の『危ない！人権擁護法案 緊急出版』というムックの表紙には「人権擁護法案　外国人参政権、男女共同参画、子供の権利、拉致、教科書、靖国…み～んな、つながっていた」[30]とあり、その当時のネットを含む右派界隈でこれらの議論がつながったものとして見なされていたことがわかる。

倉橋は、二〇〇〇年代のネット時代に「ネット右翼が新たな政治主体として「節合実践」に用いたものは「反日メディア」という言葉だ」と述べる。「右／左、保守／リベラルではなく、新たに「反日メディア」という言葉で敵を措定することで、その言葉にフックする人々の間の個別な関心は等価となり、共闘するようになる」[31]のだという。

こうして「反日」という言葉を得たことで、反フェミニズムと、排外主義、ナショナリズムが合体した動きが、ネットや実際の運動でも出てくるようになる。例えば二〇〇八年に、中国製の冷凍餃子に殺虫剤が混入していたことによる食中毒事件が起きて話題になるとともに、大々的な中国バッシングの動きが起きた。こうしたなかで、四月二十六日に「毒ギョーザに抗議するエプロンデモ」が東京・銀座で開催され、主催者発表で百五十人が参加した。これはフェミニズムへのバックラッシュでも中心的な役割を果たしてきた日本会議系活動家の主催者が、保守的性別役割分業を象徴する「エプロン」というアイコンと、「主婦」や「母」を打ち出し、チベット問題や北京五輪開催反対なども掲げて反中国メッセージを主張し、ネットやマスコミを通じて情報拡散したものだった[32]。また、同年四月から五月頃にかけて、「毎日新聞」の英語メディア「毎日デイリーニューズ」掲載のコラム「waiwai」の内容が、女性蔑視で低俗的な内容であるとか、「変態ニュース」「日本や日本女性が誤解される」などとして主にネット右翼からの批判を浴び、六月にコーナーが廃止になり、「毎日新聞」は七月に謝罪・検証記事を出すという事態に発展した。毎日新聞社と関連会社や組織、スポンサーなどを相手に多くの「電凸」がおこなわれたともいわれ、「毎日新聞」は「変態新聞」「反日新聞」と批判された。同年末に開催された在特会系の右派団体「そよ風」の発足集会では、この「waiwai」事件にかなり言及しており、当時のネット右翼系の運動の場でもこの事件が運動盛り上げに使われたことがうかがえた。

倉橋が指摘する「「メディア・リテラシー」の右旋回」、そして「反日ファシズム[33]」概念が拡散していく流れと、こうしたジェンダーやセクシュアリティに関連するテーマについての動きは連動している。そしてここで打ち出されるのは、被害者としての「普通の日本人女性」像だ。「毒ギョーザ」では食卓や子どもを守る「母」として被害に遭う女性であり、「毎日新聞」「waiwai」では「女性蔑視」的な記事によって「誤解」を拡散される被害者としての女性、さらに日本軍「慰安婦」問題に関しても、海外での「歴史戦」によって（存在の証拠がいまだに提示できない）『慰安婦』像が原因のいじめ」から子どもたちを守らなくてはならず苦労する「日本人の母」像である。倉橋が引用している西村幸祐の言葉を使えば、「反日ファシズム＝体制」からの「〈受け手〉の被害」の対象が「日本人女性」という構図だ。

さらに、フェミニストについても、こうした「被害に遭う日本女性」が出ていても、自らの政治的スタンスに適合することに限定して（左翼に関してだけ）都合よく運動に関わったり発言したりする、政権批判や反日活動を何よりも優先するフェミニストといった像が拡散されるようになる。こうした批判は現在、#MeToo運動の高まりで強化されているように思われる。私自身を含むフェミニストに向けられる言葉を考えてみても、バックラッシュの頃は「過激フェミ」とか「ブスの妬み」などの批判で、「ジェンダーフリーはマルクス主義者の陰謀」という種類のものもあったが、「反日フェミ」というものはなかったように思う。だが、例えば福島瑞穂や田嶋陽子などが、「フェミニスト」としてよりも最近は「慰安婦」問題などに関わったり発言をしたりしてきた「サヨク」女性としてバッシングを浴びる面が大きいように思う。また、二〇一六年三月、倉橋も本書で取り上げているジャーナリストの西村幸祐は私に関して、「連合国（国連）女子差別撤廃員会へ皇室典範を仕掛けたのは反日日本人の山口智美。米国の片田舎の大学で〈慰安婦＝性奴隷〉布教に務めている[34]」と「反日日本人」という呼称を使って批判していて、ここではもはや「フェミ」よりも「反日」が強調されている。

6　ネット右翼のアイコンとしての「杉田水脈」

ここまで見てきたフェミニズムへのバックラッシュや反日というラベリングとともに、見逃してはならない重要な論点として福祉政策へのネット右翼からの批判、そこに通底するマイノリティをめぐる問題系がある。ここでは、杉田水脈の言動に着目して問題の輪郭を簡潔に明らかにしよう。

二〇一二年十二月、衆議院議員選挙で日本維新の会から出馬した杉田水脈が当選した。杉田はその後、次世代の党に参加し、一四年十二月の総選挙では落選。浪人時代を経て一七年九月の衆議院議員総選挙に自民党から比例で出馬して当選。いまはネット右翼に支持される、政権与党自民党の国会議員である。杉田は次世代の党の議員時代にネット右翼受けがいい質問を連発するようになり、落選中には「Twitter」などのソーシャルメディアで積極的に発信し、青林堂の「ジャパニズム」を皮切りに右派論壇誌の常連執筆者になって、「歴史戦」のために「慰安婦の真実国民運動」の一員として国連に出かけ、歴史修正主義発言や差別発言を連発し、ネット右翼層からの支持を高めていった。例えば一六年二月、ジュネーブでの国連女性差別撤廃委員会に「慰安婦」問題への興味から出かけた杉田は、「チマチョゴリやアイヌの民族衣装のおばさんまで登場」「存在だけで日本の恥さらし[35]」などと、コリアンやアイヌへの差別発言をブログに記している。

「慰安婦」問題や民族的マイノリティへの差別だけではなく、ジェンダーやセクシュアリティ、さらには福祉にからむ内容が杉田の問題発言の多くを占めていることには留意が必要だ。杉田が最初に注目を浴びた国会質問は、杉田が次世代の党時代の二〇一四年十月三十一日、衆議院本会議でおこなった「男女平等は絶対に実現しえない反道徳の妄想」とし、男女共同参画社会基本法の撤廃を主張したものだった。その後も、落選中の一六年七月に「産経新聞」に書いたコラムでは保育所を「子供を家庭から引き離し、保育所などの施設で洗脳教育をする」と批判し、杉田が「復活しつつ」あると考えるコミンテルンによる「家族[36]」崩壊の仕掛けだと主張。保育所までが「反日」活動の一環と見なしている。さらに、与党国会議員になった一八年一月二十四日には「世の中に待機児童なんて一人もいない。子どもはみんなお母さんといたいもの[37]」とツイート。一八年六月二十八日に放映されたイギリスBBC番組『Japan's Secret Shame（日本の秘められた恥）』の取材に答え、性暴力の被害を告発する伊藤詩織を「女として落ち度があった」と批判し、雑誌「新潮45」二〇一八年八月号では「LGBTには生産性がない[38]」などと書いて大きな批判を浴びるなど、ジェンダーやセクシュアリティに関して数々の発言を繰り返してきた。

さらに杉田は、二〇一八年一月二十七日の「Twitter」で、「先日の本会議。共産党の志位委員長の質問で、「生活保護受給者は『入浴回数が月一回になっている』『サイズの合わない昔の服を着続けている』などの深刻な実態だ」という発言がありました。「一体何処を調査してるんだ？」と疑問に思いました。（続く[39]）」「（続き）お風呂を月一回にしてパチンコや競馬に勤しむ方が多いということでしょうか？[40]」と生活保護をバッシングするツイートをおこなった。自民党の女性議員としてはこのほか、一二年、片山さつきは、お笑い芸人の河本準一の母親が生活保護を不正受給しているという疑惑が生じたときにバッシングの先頭に立ち、ネット右翼層の人気を集めて「片山さつき頑張れデモ行進」まで開かれたこともある。

このように、生活保護を必要とする人々やLGBT、性暴力被害者など、さまざまなマイノリティを排撃するような言論を展開する（女性）議員をアイコンとして、ネット右翼によるバッシングが拡大していることも念頭に置くべきだろう。

おわりに

ネット右翼の間に蔓延する生活保護バッシングは、自己責任論に基づく福祉への反発や、ネオリベラリズムに基づいて自助努力を推奨する「日本型福祉社会」論、自民党の改憲案第二十四条の「家族は、互いに助け合わなければならない」とも共通するところであり、現在の政権とその主要な支持母体でもある日本会議の考え方とも重なるものだ。[41]これに、外国人が受給をするために日本人が犠牲になっているという日本人被害者論が加わる。桜井誠率いる日本第一党の生活保護に関連する政策も、「生活保護不正受給の根絶と現物支給への移行を目指します」に加えて「外国人に対する生活保護を廃止します[42]」が含まれている。

杉田水脈がネット右翼にとってのアイドル的議員になっていった過程をみても、ネット右翼を語るうえで、ネット右翼による中韓以外への反発、マイノリティへの批判、ジェンダー、セクシュアリティに関連する問題や、フェミニズムへのバックラッシュの歴史、さらには階層問題もまた外せない要素だといえるだろう。こうしたネット右翼の現状をよりインターセクショナルな視点（社会にはさまざまな抑圧や差別が多層的に交錯しているという考え方）から分析していく必要があるということでもある。

冒頭で言及した「ＮＨＫから国民を守る党」の躍進などをみると、「桜井誠」的なものがもつステレオタイプ的なイメージを超えたネット右翼とそこから派生した運動を分析していく必要を感じる。本書で示しているネット右翼の具体的なありようは、今後、より多様な観点からネット右翼について考えて具体的な調査研究を進めていくために、大きなヒントをくれるものであることは疑いない。

注

（1）このほか、元札幌市議で、アイヌ差別発言で自民党を除名になってそのあと落選した経緯をもつ金子快之は、東京・渋谷区議会選挙に出馬して当選した。また、「教育再生・地方議員百人と市民の会」の事務局長で、初期の短期間ではあるが在特会の支部を運営していたことがある増木重夫は、兵庫県播磨町で「ＮＨＫから国民を守る党」から出馬したが、同町に居住実態がないことで百十票の獲得票が無効になって落選した。なお、五月六日現在の離党状況については以下の記事を参照。「統一地方選で躍進「ＮＨＫから国民を守る党」で内ゲバ勃発！　原因はカネか思想か？」「デイリー新潮」(https://www.dailyshincho.jp/article/2019/05080600/?all=1)［二〇一九年五月十日アクセス］

（2）樋口直人は、「外国人に対して生活保護を権利として認めない行政が在日コリアンを「優遇」などというのは、全く事実に反する」にもかかわらず、在特会が「生活保護優遇」を「在日特権」の一つとして挙げていることを指摘している（樋口直人『日本型排外主義――在特会・外国人参政権・東アジア地政学』名古屋大学出版会、二〇一四年、五七ページ）。ネット右翼にとっての生活保護攻撃は、福祉への批判的態度に、排外主義もからんだものであることは留意が必要。樋口とともに倉橋耕平

『歴史修正主義とサブカルチャー――90年代保守言説のメディア文化』（〔青弓社ライブラリー〕、青弓社、二〇一八年）も歴史修正主義と排外主義のつながりを指摘していて、排外主義運動と歴史修正主義（特に日本軍「慰安婦」問題）のつながりについては筆者もたびたびテーマとしてきた点である（山口智美／能川元一／テッサ・モーリス―スズキ／小山エミ『海を渡る「慰安婦」問題――右派の「歴史戦」を問う』岩波書店、二〇一六年、Tomomi Yamaguchi, "Revisionism, Ultranationalism, Sexism: Relations Between the Far Right and the Establishment Over the 'Comfort Women' Issue," *Social Science Japan Journal* Vol.21, No.2, 2018.）。

（3）日本第一党「政策」（https://japan-first.net/policy/）［二〇一九年五月十日アクセス］

（4）通常は「参与観察」とするところだが、運動現場や集会に参加しているとはいえ、筆者と考え方が大きく異なる運動に一緒に参加したとはいえないので、この場合は観察とするのが実態により近い。

（5）在特会などの排外主義運動の参加者へのインタビュー調査をもとにした学術書としては、樋口直人の前掲『日本型排外主義』が代表的なものである。ほかにジャーナリストやライターによる著作として、安田浩一『ネットと愛国――在特会の「闇」を追いかけて』（〔g2 book〕、講談社、二〇一二年）、北原みのり／朴順梨『奥さまは愛国』（河出書房新社、二〇一四年）などがある。

（6）辻大介「計量調査から見る「ネット右翼」のプロファイル――2007年／2014年ウェブ調査の分析結果をもとに」「年報人間科学」第三十八巻、大阪大学大学院人間科学研究科社会学・人間学・人類学研究室、二〇一七年

（7）本書第1章「ネット右翼とは誰か――ネット右翼の規定要因」（永吉希久子）一九ページ

（8）同論文一九―二〇ページ

（9）日本会議などの主流右派にとって家族が主要テーマであることについては、山口智美「日本会議の

ターゲットの一つは憲法24条の改悪」（成澤宗男編著『日本会議と神社本庁』所収、金曜日、二〇一六年）、能川元一「右派はなぜ24条改憲を狙うのか？――「家族」論から読み解く」（中里見博／能川元一／打越さく良／立石直子／笹沼弘志／清末愛砂『右派はなぜ家族に介入したがるのか――憲法24条と9条』所収、大月書店、二〇一八年）、能川元一「右派の「二十四条」「家族」言説を読む」（早川タダノリ編著『まぼろしの「日本的家族」』〔青弓社ライブラリー〕所収、青弓社、二〇一八年）などを参照。

（10）本書第2章「ネット右翼活動家の「リアル」な支持基盤――誰がなぜ桜井誠に投票したのか」（松谷満）六五―六六ページ

（11）同論文六七ページ

（12）同論文六六ページ

（13）二〇〇三年七月からレギュラーのバラエティ番組として、司会のやしきたかじんの冠番組『たかじんのそこまで言って委員会』（読売テレビ）が放送開始。たかじん没後、一五年四月に『そこまで言って委員会NP』に改題。

（14）吉村次郎「メディア異聞!!井関猛親氏に訊く!!」『自衛隊FAN 現地ルポ！オピニオン！戦史！総合国防マガジン――尖閣波高し！日本はこうして中国軍を迎え撃つ!!』双葉社、二〇一二年、八八―八九ページ

（15）調査結果は現在執筆中で、斉藤正美／山口智美『田嶋陽子論』（青土社）として出版予定。

（16）日本会議広報部「「東京新聞」7月31日付「こちら特報部」記事への見解」二〇一四年九月二十九日（https://www.nipponkaigi.org/opinion/archives/6977）［二〇一九年五月十日アクセス］

（17）「慰安婦の真実国民運動」に関しては、山口智美「台湾「慰安婦」像足蹴事件は、右派団体による

「歴史戦」のひとつにすぎない」(「Wezzy」二〇一八年十一月十三日付〔https://wezz-y.com/archives/58865〕［二〇一九年五月十日アクセス］)。

(18) この集団訴訟の総原告数は二万五千七百六十八人に及んだ。「朝日新聞を糺す国民会議」ウェブサイト (http://www.asahi-tadasukai.jp)［二〇一九年五月十日アクセス］参照。ほかにも、「朝日新聞を正す会」の訴訟や日本会議系の「朝日グレンデール訴訟」など、「朝日新聞」の「慰安婦」報道をめぐって複数の集団訴訟が起こされたが、いずれも原告敗訴が確定している。詳細は「慰安婦報道巡る名誉毀損訴訟、二審も朝日新聞社勝訴判決 東京高裁」(「朝日新聞」二〇一八年二月九日付〔https://digital.asahi.com/articles/DA3S13351620.html?iref=pc_ss_date〕［二〇一九年五月十日アクセス］)。

(19) 本書第3章「ネット右翼の生活世界」(樋口直人) 八五ページ

(20) アメリカの状況については Michael Kimmel, *Healing from Hate: How Young Men Get into-and Out of-Violent Extremism*, University of California Press, 2018, David Futrelle, "The 'alt-right' is fueled by toxic masculinity - and vice versa," *NBC News*, April 1, 2019 (https://www.nbcnews.com/think/opinion/alt-right-fueled-toxic-masculinity-vice-versa-ncna989031)［二〇一九年五月十日アクセス］、David Futrelle, "Men's-Rights Activism Is the Gateway Drug for the Alt-Right," *The Cut*, August 17, 2017 (https://www.thecut.com/2017/08/mens-rights-activism-is-the-gateway-drug-for-the-alt-right.html)［二〇一九年五月十日アクセス］など。

(21) フェミニズムのバックラッシュの詳細については、山口智美／斉藤正美／荻上チキ『社会運動の戸惑い――フェミニズムの「失われた時代」と草の根保守運動』(勁草書房、二〇一二年) を参照。

(22) 渡辺裕一は二〇一九年四月、「千葉市パートナーシップ宣誓制度」への反対を主な主張として掲げ、千葉市議選に出馬。ポスター掲示だけの選挙活動をおこなって落選した。渡辺ゆういち「選挙を終えて」「千風の会」二〇一九年四月十九日（https://senpu.exblog.jp/23922549l/）［二〇一九年五月十日アクセス］
（23）「声明文――当会は『在日特権を許さない市民の会』とは無関係です」「男性差別を許さない市民の会」（http://danseisabetsu.web.fc2.com/zaitokukai.html）［二〇一九年五月十日アクセス］
（24）兼松信之（ドクター差別）「女性専用車両反対派は右翼ではない」「差別ネットワーク公式ブログ 理不尽なことは許さない！」二〇一七年九月二十八日（https://blogs.yahoo.co.jp/sabetsu5555/34905486.html）［二〇一九年五月十日アクセス］
（25）「ドクター差別」こと兼松信之が職員を務めていたかつての民社党人脈は、現在でも日本会議など保守運動のなかで重要な位置を占めていることを朝日新聞編集委員の藤生明は指摘している。藤生明「生きていた民社党、保守運動をオルグする――日本会議と共闘する労働戦線は、どう作られてきたか〈1〉」「論座」二〇一九年五月五日付（https://webronza.asahi.com/national/articles/2019042700002.html?page=2）［二〇一九年五月十日アクセス］
（26）兼松信之（ドクター差別）「本物、出てこいや～」「差別ネットワーク公式ブログ 理不尽なことは許さない！」二〇一八年三月七日（https://blogs.yahoo.co.jp/sabetsu5555/35080489.html）［二〇一九年五月十日アクセス］
（27）野村旗守／宮島理／李策／呉智英／浅川晃広ほか『嫌韓流の真実！ザ・在日特権――朝鮮人タブーのルーツから、民族団体の圧力事件、在日文化人の世渡りまで！』（別冊宝島）、宝島社、二〇〇五年
（28）野村旗守編『男女平等バカ』（別冊宝島 Real）、宝島社、二〇〇六年
（29）山野車輪『マンガ嫌韓流』（晋遊舎ムック）、晋遊舎、二〇〇五年

(30) 人権擁護法案を考える市民の会編著『危ない！人権擁護法案 緊急出版――冗談も言えない密告社会、監視社会がやってくる』展転社、二〇〇六年
(31) 本書第4章「ネット右翼と参加型文化――情報に対する態度とメディア・リテラシーの右旋回」(倉橋耕平) 一二四―一二五ページ
(32)「毒ギョーザに抗議するエプロンデモ」「総動員ＤＥいきまっしょい!!」二〇〇八年四月二十六日(https://aprondemo.exblog.jp/8279159/)［二〇一九年五月十日アクセス］
(33) 前掲「ネット右翼と参加型文化」
(34) 西村幸祐「Twitter」、二〇一六年三月十一日(https://twitter.com/kohyu1952/status/708314408556974080)。ちなみに、ここで西村は私が国連の女性差別撤廃委員会の中国人の委員と結託して皇室典範問題に干渉したと主張しているが、この委員とはまったく面識はないし、国連の女性撤廃委員会への私の関わりも皆無であり、完全なデマである。
(35) 杉田水脈「【日本国の恥晒し】流石に怖かった今回の国連」「杉田水脈オフィシャルブログ」二〇一六年二月十七日(https://ameblo.jp/miosugita-blog/entry-12124471054 01.html)［二〇一九年五月十日アクセス］
(36) 杉田水脈「杉田水脈のなでしこリポート(8)「保育園落ちた、日本死ね」論争は前提が間違っています――日本を貶めたい勢力の真の狙いとは…」「産経ニュース」二〇一六年七月四日付(https://www.sankei.com/premium/news/160702/prm1607020006-n5.html)［二〇一九年五月十日アクセス］
(37) 杉田水脈「Twitter」、二〇一八年一月二十三日(https://twitter.com/miosugita/status/9560669075 30113024)［二〇一九年五月十日アクセス］
(38) 杉田水脈「「LGBT」支援の度が過ぎる」「新潮45」二〇一八年八月号、新潮社

(39) 杉田水脈「Twitter」、二〇一八年一月二十七日（https://twitter.com/miosugita/status/9573980397 64680705）［二〇一九年五月十日アクセス］

(40) 杉田水脈「Twitter」、二〇一八年一月二十七日（https://twitter.com/miosugita/status/957398096001957888）［二〇一九年五月十日アクセス］

(41) 前掲「日本会議のターゲットの一つは憲法24条の改悪」、本田由紀／伊藤公雄編著『国家がなぜ家族に干渉するのか――法案・政策の背後にあるもの』（〔青弓社ライブラリー〕、青弓社、二〇一七年）、前掲『右派はなぜ家族に介入したがるのか』、前掲『まぼろしの「日本的家族」』、あすわか／前川喜平編著『イマドキ家族のリアルと未来――憲法9条の陰でねらわれる24条』（〔「憲法カフェへようこそ」第三巻〕、かもがわ出版、二〇一八年）などを参照。

(42) 前掲「政策」

山口智美（やまぐち ともみ）
1967年、東京都生まれ
モンタナ州立大学社会学・人類学部准教授
専攻は文化人類学、フェミニズム
共著に『海を渡る「慰安婦」問題』（岩波書店）、『社会運動の戸惑い』（勁草書房）など

［著者略歴］
樋口直人（ひぐち なおと）
1969年、神奈川県生まれ
徳島大学総合科学部准教授
専攻は移民研究、社会運動論、政治社会学
著書に『日本型排外主義』（名古屋大学出版会）、共著に『顔の見えない定住化』（名古屋大学出版会）、『移民政策とは何か』（人文書院）など

永吉希久子（ながよし きくこ）
1982年、大阪府生まれ
東北大学大学院文学研究科准教授
専攻は社会意識論
著書に『行動科学の統計学』（共立出版）、共著に『外国人へのまなざしと政治意識』（勁草書房）、論文に「外国籍者への権利付与意識の規定構造」（「理論と方法」第29号）など

松谷 満（まつたに みつる）
1974年、福島県生まれ
中京大学現代社会学部准教授
専攻は政治社会学、社会意識論
共著に『外国人へのまなざしと政治意識』（勁草書房）、『社会意識からみた日本』（有斐閣）、論文に「「ポピュリズム」の支持構造」（「歴史評論」第751号）など

倉橋耕平（くらはし こうへい）
1982年、愛知県生まれ
立命館大学ほか非常勤講師
専攻は社会学、メディア文化論、ジェンダー論
著書に『歴史修正主義とサブカルチャー』（青弓社）、共編著に『ジェンダーとセクシュアリティ』（昭和堂）、共著に『歪む社会』（論創社）など

ファビアン・シェーファー（Fabian Schäfer）
1975年、ドイツ・ボン生まれ
エアランゲン＝ニュルンベルク大学旧世界・アジア文化学部教授
専攻はメディア研究、思想史、日本学
著書に *Medium als Vermittlung* (Springer)、*Public Opinion, Propaganda, Ideology* (Brill) など

青弓社ライブラリー97

ネット右翼《うよく》とは何《なに》か

発行——2019年5月28日　第1刷
2019年7月5日　第2刷

定価——1600円＋税

著者——樋口直人／永吉希久子／松谷 満／倉橋耕平／
ファビアン・シェーファー／山口智美

発行者——矢野恵二

発行所——株式会社青弓社
〒162-0801 東京都新宿区山吹町337
電話 03-3268-0381（代）
http://www.seikyusha.co.jp

印刷所——三松堂

製本所——三松堂

©2019

ISBN978-4-7872-3454-4　C0336

倉橋耕平

歴史修正主義とサブカルチャー

90年代保守言説のメディア文化

自己啓発書や雑誌、マンガなどを対象に、1990年代の保守言説とメディア文化の結び付きをアマチュアリズムと参加型文化の視点からあぶり出し、現代の右傾化の源流に斬り込む。　定価1600円＋税

本田由紀／伊藤公雄／二宮周平／斉藤正美 ほか

国家がなぜ家族に干渉するのか

法案・政策の背後にあるもの

家庭教育支援法案、自民党の憲法改正草案（24条改正）、官製婚活などを検証して、諸政策が家族のあり方や性別役割を固定化しようとしていることを明らかにする。　定価1600円＋税

早川タダノリ／能川元一／斉藤正美／堀内京子 ほか

まぼろしの「日本的家族」

「伝統的家族」をめぐる近代から現代までの変遷、官製婚活、税制や教育に通底する家族像、憲法24条改悪など、伝統的家族を追い求める「斜め上」をいく事例を批判的に検証する。　定価1600円＋税

早川タダノリ

「日本スゴイ」のディストピア

戦時下自画自賛の系譜

「日本スゴイ」言説があふれる現在だが、満洲事変後にも日本主義礼賛本の大洪水が起こっていた。戦時下の言説に、自民族の優越性を称揚するイデオロギーのルーツをたどる。　定価1800円＋税